MARCEL FALKENSTEIN

JAVA

FÜR ABSOLUTE ANFÄNGER

ohne Vorkenntnisse das Programmieren lernen

Mit vielen Beispielen & Übungen

Alles, was Sie wissen müssen, um in kürzester Zeit eigene Programme zu schreiben.

Druck: Amazon Deutschland oder Partner

Umweltschutz: Der Druck erfolgt in chlorfreier Tinte und das säurefreie Papier für den Innenteil des Buches wird von einem Anbieter mit Forest Stewardship Council-Zertifizierung bezogen. Alle Abfälle, die beim Drucken entstehen, werden ordentlich recycelt und verwertet. Der Druck dieses Buches wird über ein Print-on-Demand-Verfahren abgewickelt. So werden nur Bücher angefertigt, die auch benötigt werden. Dies spart Ressourcen und schont die Umwelt.

Inhaltsverzeichnis

1. Einleitung

Java ist auch mehr als 25 Jahre nach der Erstveröffentlichung eine der populärsten Programmiersprachen der Welt und wird an vielen Schulen und Universitäten für den Einstieg in die Programmierung verwendet. Und die Beliebtheit scheint kein bisschen abzunehmen: Laut des Java Ecosystem Report 2021 von Snyk (https://snyk.io/de/reports/jvm-ecosystem-report-2021/) nutzen sogar 58,8 % der Entwickler ausschließlich Java für die Erstellung ihrer Projekte.

Das liegt vor allem an den vielseitigen Einsatzmöglichkeiten. So werden nicht nur zahlreiche Web- und Desktop-Programme in Java erstellt, sondern auch Unternehmensanwendungen und Android-Apps.

Für die Arbeit mit diesem Buch sind keine Programmierkenntnisse erforderlich, sodass Sie die Sprache von Grund auf erlernen können. Wir beginnen mit der Installation der Entwicklungsumgebung und der Erstellung eines einfachen *„Hallo-Welt“*-Projekts. Nach dem Erlernen der wichtigsten Grundlagen zu Themen wie den lexikalischen Eigenschaften, Bezeichnern und Datentypen steigen wir dann tiefer in die objektorientierte Programmierung mit Java ein.

Bei der Auswahl der Entwicklungsumgebung wurde darauf geachtet, dass es sich um eine freie Software handelt, die ein möglichst komfortables Arbeiten ermöglicht und für alle gängigen Betriebssysteme (Windows, macOS, Linux) verfügbar ist. Ein Beispiel für eine solche Open-Source-Software ist das Programmierwerkzeug Eclipse.

Für Einsteiger können die ersten Schritte mit *Eclipse* etwas holprig sein. Sie werden aber in verschiedenen Übungen den richtigen Umgang erlernen und am Ende problemlos damit arbeiten können.

Ich wünsche Ihnen viel Spaß und Erfolg bei Ihrem Einstieg in die Programmierung mit Java!

1.1. Warum sollten Sie ausgerechnet Java lernen?

Es gibt mit Sicherheit Programmiersprachen, die anfangs einfacher zu verstehen sind als Java. Ich denke hier beispielsweise an Python, das mit seiner überschaubaren, verständlichen Syntax als besonders einsteigerfreundlich gilt. Mit Java können Sie aber mehr Aufgabenstellungen lösen, mit denen Sie im Alltag konfrontiert werden.

Sie möchten eine Software für ein mobiles Endgerät entwickeln? Dann lernen Sie Java! Java ist so etwas wie die Muttersprache von Android, dessen Marktanteil in Deutschland aktuell bei knapp 70 Prozent liegt (Stand März 2023). Java wird auch für die Programmierung von iOS-Apps verwendet.

Java ist aber auch eine der wichtigsten Sprachen, wenn es um die Entwicklung von professioneller Software, Webseiten und Server-Anwendungen geht. Unternehmen wie Amazon, Google, Twitter oder Netflix setzen Java für die unterschiedlichsten Zwecke ein, z. B. um Produktionsabläufe zu organisieren, Webseiten zu erstellen oder Verwaltungsprozesse zu vereinfachen.

Und auch in Bezug auf die Themen Künstliche Intelligenz (KI), Machine Learning, Gaming, IoT (Internet of Things) und Blockchain hat die Sprache zunehmend an Relevanz gewonnen.

> **Info:** Eines der bekanntesten Programme, das in Java entwickelt wurde, ist das Open-World-Spiel Minecraft.

Darüber hinaus können Sie mit Java auch Plattformen und Software für beliebige Endgeräte, z. B. Computer, Notebooks, Spielekonsolen, Kaffeemaschinen, Navigations- und Überwachungssysteme oder Smart-TVs erstellen.

Sie sehen also: Java ist aus dem Alltag praktisch nicht mehr wegzudenken und es zu beherrschen eröffnet Ihnen viele neue berufliche Perspektiven!

1.2. Die Geschichte von Java

Die Entwicklung von Java begann bereits im Jahr 1991: Der US-Technologiekonzern Sun Microsystems beauftragte ein Developer-Team bestehend aus Mike Sheridan, Patrick Naughton und James Gosling mit dem Green Project. Ziel war es, Technologien für die Programmierung intelligenter Geräte zu entwickeln, darunter unter anderem TV-Set-Top-Boxen und die Sony Playstation.

Der Softwareentwickler sollte in der Lage sein, den Code nach einmaligem Schreiben ohne Neukompilierung auf verschiedenen Plattformen ausführen zu können. Anpassungen an die prozessorspezifischen Gegebenheiten sollten nicht erforderlich sein. Erreicht wurde diese Portabilität durch die Erschaffung der Java Virtual Machine (JVM), die den vom Compiler erstellten Bytecode für verschiedene Plattformen (z. B. Smartphones, Notebooks oder Kaffeemaschinen) übersetzt und so auf diesen lauffähig macht.

Diesem Umstand verdankt die Programmiersprache auch ihr inoffizielles Motto:

„Einmal schreiben – überall ausführen!"

Denn ein und derselbe Java-Code ist tatsächlich auf nahezu jeder Plattform lauffähig.

> **Info:** JVM, Compiler, Bytecode??? Verzweifeln Sie nicht, falls Sie gerade nur Bahnhof verstehen – in den nächsten Kapiteln gehe ich noch im Detail darauf ein, was es mit den Begriffen auf sich hat.

Nach nur 18 Monaten Entwicklungszeit wurde die erste Version von Java unter dem Namen „Oak" (Object Application Kernel) veröffentlicht. Der Legende nach ist der originelle Name eine Anlehnung an eine Eiche, die vor dem Bürofenster der Entwickler im Menlo Park stand.

Da es aber bereits eine andere Software desselben Namens gab, kreierte die damalige Sun-Produktmanagerin Kim Polese 1995 in einer Brainstorming-Session mit dem Team den Namen Java – nach der gleichnamigen indonesischen Kaffeebohne. Das erklärt zugleich auch das unverkennbare Logo mit der dampfenden Kaffeetasse.

In einem Interview über die Entstehung des Namens erklärte Kim Polese:

„Ich wollte etwas, das die Essenz der Technologie reflektiert: dynamisch, revolutionär, lebendig, lustig. Denn diese Programmiersprache war so einzigartig, dass ich fest entschlossen war, Nerd-Namen zu vermeiden. Ich wollte auch nichts mit „Net" oder „Web" darin haben; solche Namen vergisst man leicht. Ich wollte etwas, das cool, einzigartig, leicht zu buchstabieren sein würde, und einfach Spaß beim Aussprechen macht."

Am 23. Mai 1995 stellte der wissenschaftliche Chef von Sun Microsystems, John Gage, zusammen mit dem Netscape-Gründer Marc Andreesen Java der Weltöffentlichkeit vor. Damit begann für die neue Technologie ein beispielloser Siegeszug, der bis heute ungebrochen ist.

2. Vorbereitung: Java-Entwicklungsumgebung einrichten

Um Java auf Ihrem System startklar zu machen und das erste kleine Programm zu schreiben, brauchen Sie eigentlich nur zwei Dinge: das Java Development Kit (JDK) und eine integrierte Entwicklungsumgebung (IDE).

2.1. Installation des Java Development Kit (JDK)

Das JDK-Paket enthält alle wichtigen Werkzeuge, die für die Java-Programmierung auf Ihrem System unabdingbar sind. Dazu zählen unter anderem das Java Runtime Environment (JRE), der Java-Compiler und der Java-Debugger, die Ihnen nachfolgend im Detail vorgestellt werden.

Java Runtime Environment (JRE)

Das **Java Runtime Environment (JRE)** ist die Laufzeitumgebung für Ihre Java-Programme. Dabei handelt es sich um eine Softwareschicht, die auf dem Betriebssystem Ihres Computers installiert wird und zusätzliche programmierspezifische Ressourcen mitbringt. Sie stellt sicher, dass die Programme auf dem Betriebssystem laufen, und bildet eine einheitliche Plattform, auf der alle Java-Anwendungen bereitgestellt und ausgeführt werden können.

Das JRE besteht aus drei Komponenten, die gemeinsam für einen erfolgreichen Programmdurchlauf sorgen:

- **Java Class Libraries**, die Sammlungen mit vordefiniertem Code enthalten, der bei Bedarf aufgerufen werden kann.
- Einem **Class Loader**, der die Class Libraries mit der **Java Virtual Machine (JVM)** verbindet.
- Die **JVM**, die den Code interpretiert und ausführt, der vom Class Loader geladen wurde.

> **Info:** Ein JDK wird zur Entwicklung von Java-Programmen verwendet, ein JRE umfasst verschiedene Programmier-Werkzeuge und Bereitstellungstechnologien und eine JVM führt die Java-Anwendungen aus.

Als Programmierer von Java-Anwendungen benötigen Sie somit keine speziellen Kenntnisse über das jeweilige Betriebssystem. Sie müssen lediglich sicherstellen, dass die JVM zu dem System passt, auf dem das Programm später laufen soll. Auf diese Weise lässt sich der Code ohne weitere Anpassungen von einem System auf das andere portieren (z. B. von Windows auf Linux).

Java-Compiler

Der Compiler liest den in Java verfassten Quellcode aus, analysiert ihn und übersetzt ihn in eine binäre, maschinenlesbare Sprache. Der so entstehende „ausführbare Code" wird auch als Objektcode, Assemblersprache oder Zielsprache bezeichnet.

Im Gegensatz zum Interpreter arbeitet sich ein Compiler immer vollständig durch das gesamte Dokument. Der Quellcode wird gescannt und Programmsymbole werden ausgelesen. Nach der lexikalischen Prüfung erfolgt das sogenannte Parsing, bei dem der Code auf seine syntaktische Korrektheit hin überprüft wird. Nach einer abschließenden Semantik-Analyse wird der Zielcode erstellt. Das ganze Prozedere läuft innerhalb weniger Sekunden ab.

> **Info-Box**: Ein Interpreter liest die Anweisungen im Quellcode einzeln ein, analysiert sie und führt sie direkt ohne Übersetzung zur Laufzeit (also während der Ausführung) des Programms aus. Danach folgt die nächste Anweisung, bis das Ende des Programms erreicht ist oder ein Fehler auftritt. In diesem Fall unterbricht der Interpreter seine Arbeit. Auf diese Weise kann der Entwickler sofort erkennen, an welcher Stelle im Code der Fehler geworfen wurde.

Wenn der Code Fehler enthält, versucht der Compiler, diese entweder zu beheben oder auszublenden. Wichtig ist, dass er trotz der Fehler weiterarbeitet, da der Quellcode ansonsten nicht in einen maschinenlesbaren Zielcode übertragen werden kann.

Der Zielcode funktioniert in der Regel auf unterschiedlichen Plattformen und kann auch von einem Interpreter verwendet werden. Ein Compiler benötigt zwar mehr Zeit und Ressourcen als ein Interpreter, da die Anweisungen aber vollständig übersetzt werden, funktioniert das lauffähige Programm am Ende effizienter als interpretierte Software.

Beim Java-Compiler handelt es sich um eine Hybridlösung, die Compiler und Interpreter vereint. Der Just-in-time-Compiler – auch Compreter genannt – übersetzt das Programm zur Laufzeit in den Maschinencode. Er übersetzt den Quellcode nicht wie ein herkömmlicher Compiler in einem Durchgang, sondern gemäß seinem Namen „just in time“ – also bei Bedarf.

Dadurch ergeben sich gleich mehrere Vorteile: JIT-Compiler bieten eine gute Performance bei den kompilierten Anwendungen und ermöglichen gleichzeitig eine komfortable Fehlersuche bei den interpretierten Programmen. Aus diesem Grund werden sie hauptsächlich bei der Entwicklung von plattformunabhängiger Software genutzt.

> **Info:** Neben Java haben auch Visual Basic, C# und C++. NET einen JIT-Compiler.

Java Debugger (JDB)

Mit dem Java Debugger (JDB) können Sie schrittweise durch das Programm gehen und den Inhalt von Variablen oder Objekten betrachten. Dazu setzen Sie Stopp-Punkte (Breakpoints) in der Nähe der Stelle, an der der Debugger anhalten soll.

Beim JDB handelt es sich allerdings um einen UNIX-Kommandozeilen-Debugger, der mit den grafischen Tools der Entwicklungsumgebung nicht viel gemeinsam hat. Er ist nicht nur umständlicher zu bedienen, sondern es fehlen ihm auch einige wichtige Features moderner Debugger.

2.1.1. Installation des JDK auf einem Windows-PC

Die Installation des JDK auf einem Windows-Computer nimmt nur wenige Minuten in Anspruch. Laden Sie sich dazu das aktuelle JDK-Paket für Windows von der offiziellen Oracle-Seite (https://www.oracle.com/de/java/technologies/downloads/) herunter.

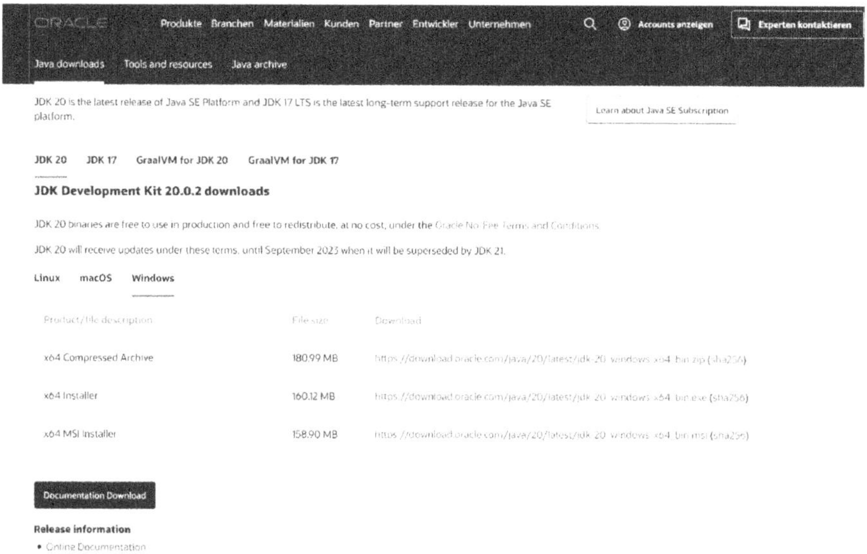

Öffnen Sie die ausführbare **.exe*-Datei mit einem Doppelklick, um den Installationsassistenten zu starten, und klicken Sie im Setupfenster auf *Next*.

Legen Sie im nächsten Schritt den Pfad fest, in dem die Installation des JDK erfolgen soll. Wir behalten der Einfachheit halber den vorgeschlagenen Pfad *C:\Program Files\Java\jdk-20* bei. Es steht Ihnen aber natürlich frei, die Daten über den Button *Change* in einem beliebigen anderen Verzeichnis abzulegen.

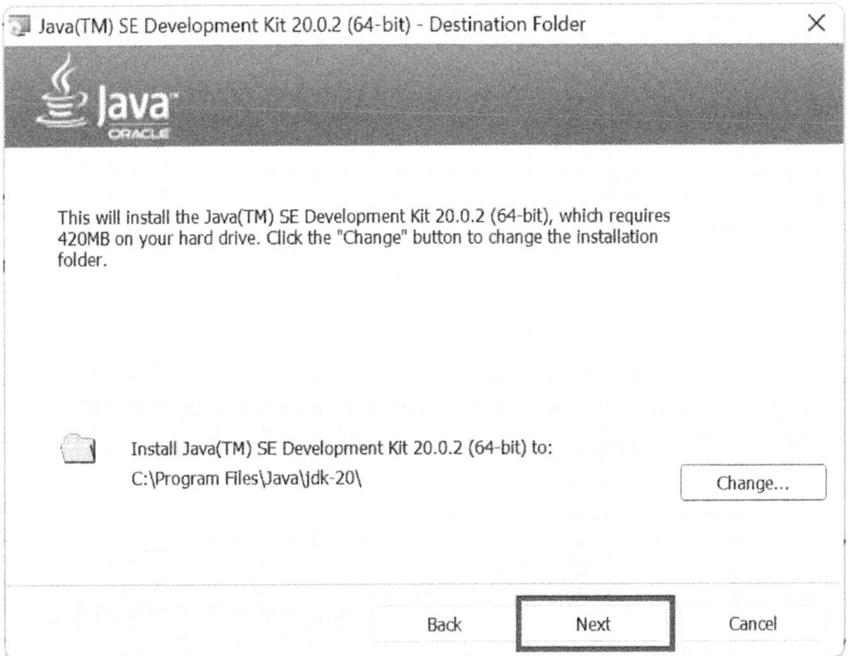

Klicken Sie erneut auf *Next*, um den Setup-Prozess zu starten. Die Installation läuft komplett automatisiert, Sie müssen keine weiteren Einstellungen mehr vornehmen.

Am Ende der Installationsroutine haben Sie noch die Möglichkeit, über den Button *Next Steps* auf die Online-Dokumentation von Java zuzugreifen. Über den Button *Close* schließen Sie die Installation ab. Ihr System ist nun startklar für Java.

2.1.2. Installation des JDK auf einem Linux-Rechner

In einer Linux-Distribution können Sie Java bequem über das Terminal installieren. In Ubuntu ist standardmäßig Open JDK enthalten, bei dem es sich um eine Open-Source-Version des JDK und der JRE handelt.

Öffnen Sie dazu das Terminal über die Tastenkombination *[Strg]* + *[Alt]* + *[T]* und aktualisieren Sie im ersten Schritt den Paketmanager:

sudo apt update

Über den Befehl

java -version

können Sie nun noch überprüfen, ob bereits eine Version von Java auf Ihrem System installiert ist. Sollte dem nicht so sein, zeigt Ihnen das Terminal alle verfügbaren Java-Versionen aus den Repositorys an.

Die aktuellste Version des JDK (und der darin enthaltenen JRE) installieren Sie über den Befehl

sudo apt install default-jdk

Um zu überprüfen, ob alles ordnungsgemäß installiert wurde, lassen Sie sich erneut die Java-Version anzeigen:

java-version

Wenn Sie eine spezifische Version des OpenJDK installieren möchten, übergeben Sie diese direkt an den Installationsbefehl. Für die OpenJDK 19 lautet er beispielsweise wie folgt:

sudo apt install openjdk-19-jdk

2.1.3. Installation des JDK auf einem Mac

Um Java auf einem Apple-Betriebssystem einzurichten, laden Sie sich als Erstes das JDK-Paket für macOS von der offiziellen Oracle-Seite (https://www.oracle.com/de/java/technologies/downloads/) herunter.

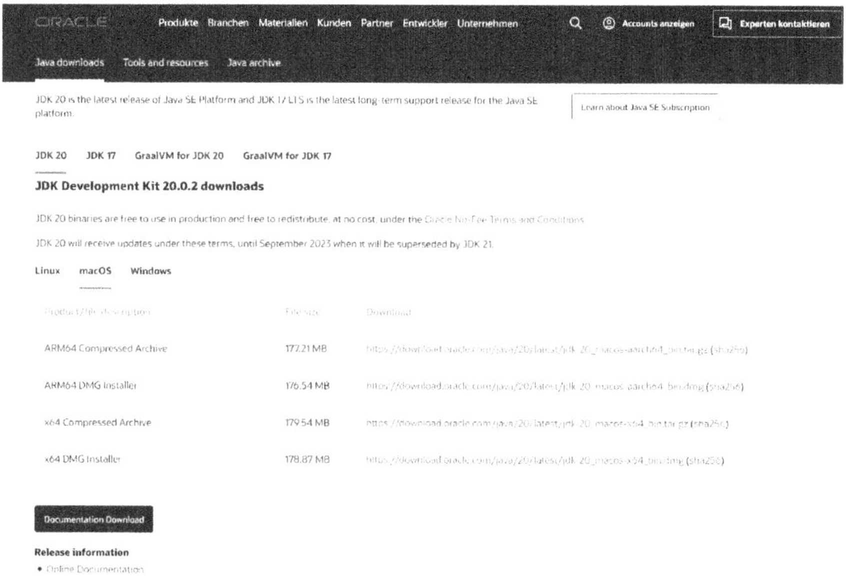

Anschließend gehen Sie wie folgt vor:

1. Starten Sie die ausführbare **.dmg*-Datei mit einem Doppelklick.
2. Es öffnet sich ein *Finder*-Fenster, das ein Icon mit einer geöffneten Box und den Namen der **.pkg*-Datei enthält.
3. Doppelklicken Sie auf das Symbol, um den Installationsassistenten zu starten.
4. Klicken Sie im Fenster *Introduction* auf *Next*.
5. Das Fenster *Installation Type* wird geöffnet. Klicken Sie auf *Installieren*.
6. Es erscheint ein Pop-Up mit der Meldung *Installer is trying to install new software. Enter your password to allow this*.
7. Geben Sie den Benutzernamen des Administrators und das zugehörige Passwort ein und klicken Sie auf *Install Software*.
8. Die Software wird installiert und ein abschließendes Bestätigungsfenster angezeigt.

Tipp: Um Speicherplatz zu sparen, können Sie die Datei mit der Endung *.dmg oder *.tar.gz nach der Installation löschen.

Auf einem macOS-System können auch mehrere JDKs parallel installiert sein. Beim Start eines Java-Programms verwendet das System das Standard-JDK.

Um zu bestimmen, welche JDK-Version die Standard-Version ist, öffnen Sie das Terminal und geben den Befehl

java -version

ein. Um eine andere Java-Version auszuführen, müssen Sie entweder deren vollständigen Pfad angeben oder Sie nutzen die Umgebungsvariable *java-home*, die auf das Verzeichnis verweist, in dem sich Ihre JRE befindet, z. B.:

$ /usr/libexec/java_home -v 20 --exec javac -version

2.2. Auswahl einer integrierten Entwicklungsumgebung (IDE)

Mit der Installation des JDK können Sie schon einen wichtigen Punkt auf dem Weg zu Ihrem ersten Java-Programm abhaken. Was Sie jetzt noch brauchen, ist eine integrierte Entwicklungsumgebung – kurz IDE.

Dabei handelt es sich um ein Programm, das die wichtigsten Werkzeuge für die Softwareentwicklung (z. B. einen Editor zum Schreiben des Codes einer Versionsverwaltung) unter einer Oberfläche vereint. Die einzelnen Werkzeuge können untereinander Informationen austauschen, dadurch wird die Arbeit des Entwicklers deutlich vereinfacht.

Neben kommerziellen Tools gibt es auch eine Reihe kostenloser IDEs, die sich in erster Linie durch ihren Funktionsumfang unterscheiden. Die meisten Java-Programmierer nutzen *Eclipse*, das sich mithilfe von Plug-ins um eine Vielzahl von interessanten Funktionen erweitern lässt und in der seit dem Sommer-Release 2021 die Java-Unterstützung fest integriert ist (musste früher nachinstalliert werden).

In diesem Buch wird ebenfalls *Eclipse* verwendet und auch die Erklärungen und Übungen werden am Beispiel dieser IDE durchgeführt. Wenn Sie trotzdem lieber mit einer anderen Lösung programmieren möchten, finden Sie im Anhang eine Liste mit weiteren Tools.

Info: *Eclipse* wurde von IBM als Nachfolger der Entwicklungsumgebung *IBM Visual Age for Java* veröffentlicht und steht heute unter einer Open-Source-Lizenz. Weitere Informationen dazu finden Sie unter https://www.eclipse.org/ide/.

1. Das Installationspaket für die aktuelle *Eclipse*-Version können Sie auf der Webseite der Eclipse Foundation (https://www.eclipse.org/downloads/) herunterladen.

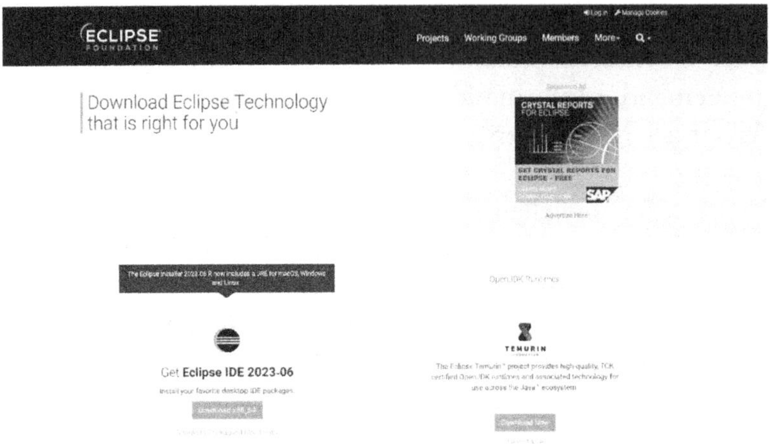

2. Die Webseite schlägt Ihnen automatisch das richtige Paket für Ihr System und den nächstgelegenen Download-Server vor. Für die Übungen in diesem Buch wird ein Windows-Computer benutzt und daher das Paket x86_64 benötigt. Wenn Sie einen Linux-Rechner oder einen Mac nutzen, wird Ihnen hier ein anderes Installationspaket angezeigt.

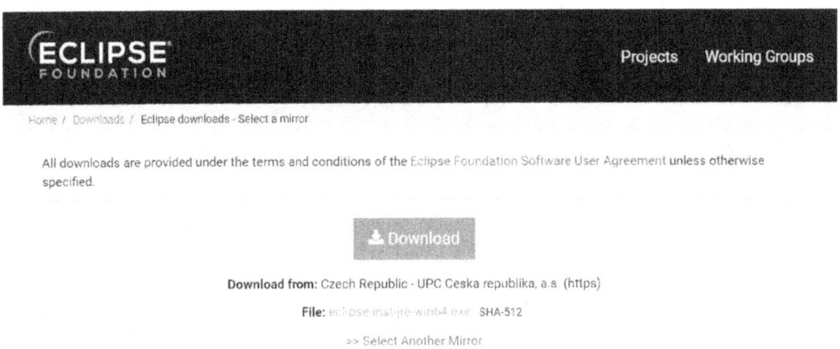

3. Klicken Sie auf *Download*, um das Installationspaket herunterzuladen, und starten Sie anschließend die **.exe*-Datei mit einem Doppelklick.

4. Klicken Sie auf den Eintrag *Eclipse IDE für Java Developers.*

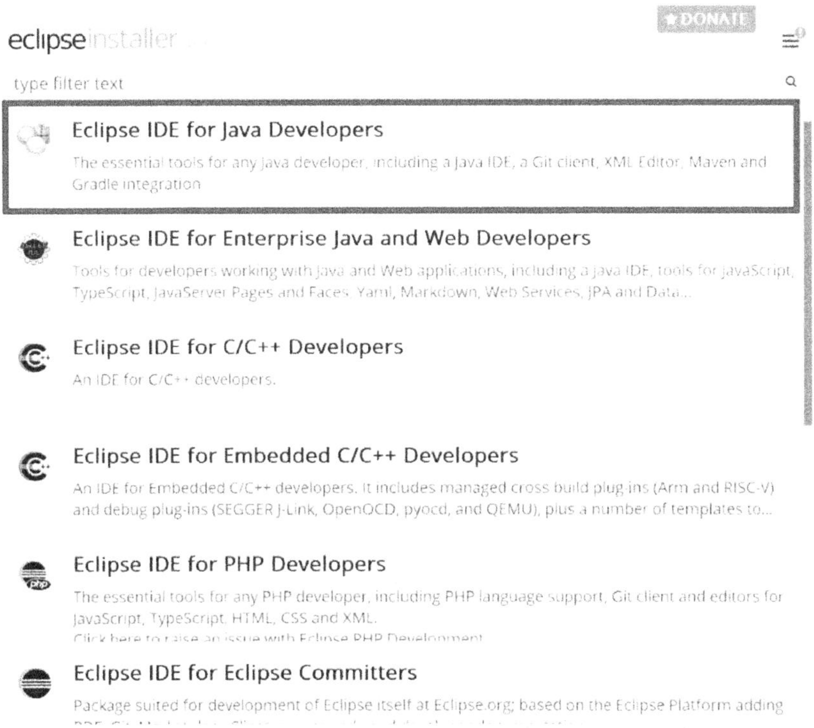

5. Im nächsten Fenster legen Sie fest, in welchem Verzeichnis *Eclipse* installiert werden soll. Auch hier wurde der vorgegebene Pfad beibehalten, Sie können ihn aber gerne ändern, wenn Sie möchten. Das Verzeichnis mit dem JDK 20 wurde von der Installationsroutine automatisch erkannt, daher müssen keine weiteren Anpassungen vorgenommen werden.

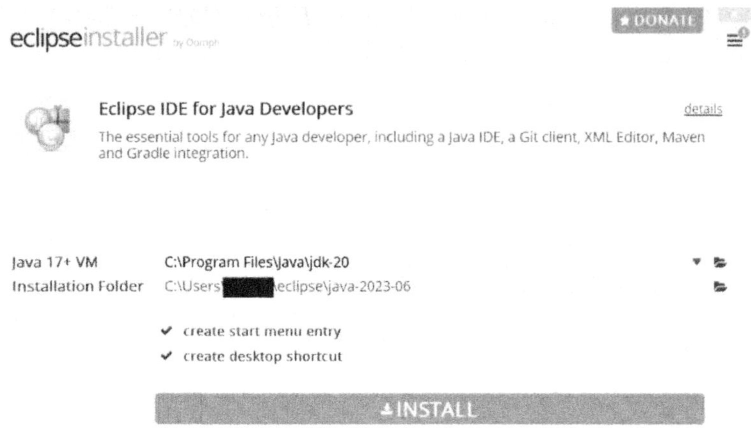

6. Klicken Sie auf den Button *Install*, um die Installation von Eclipse zu starten.

7. Es öffnet sich ein weiteres Fenster mit dem License Agreement. Bestätigen Sie mit *Accept Now* oder verschieben Sie Ihre Entscheidung mit *Decide Later* auf einen späteren Zeitpunkt.

8. Die Installation von *Eclipse* läuft voll automatisiert, d. h. Sie müssen erst einmal nichts tun, außer zu warten.

9. *Eclipse* ist nun installiert und kann über den Button *Launch* gestartet werden.

10. Da Sie *Eclipse* das erste Mal verwenden, werden Sie aufgefordert, einen *Workspace* festzulegen. In diesem Verzeichnis werden alle Ihre Projekte und Programm-Dateien gespeichert. Hier wird wieder der vorgeschlagene Ordner *eclipse-workspace* verwendet. Um nicht bei jedem Start erneut danach gefragt zu werden, ist es empfehlenswert, das Häkchen bei *Use this as the default and do not ask again* zu setzen.

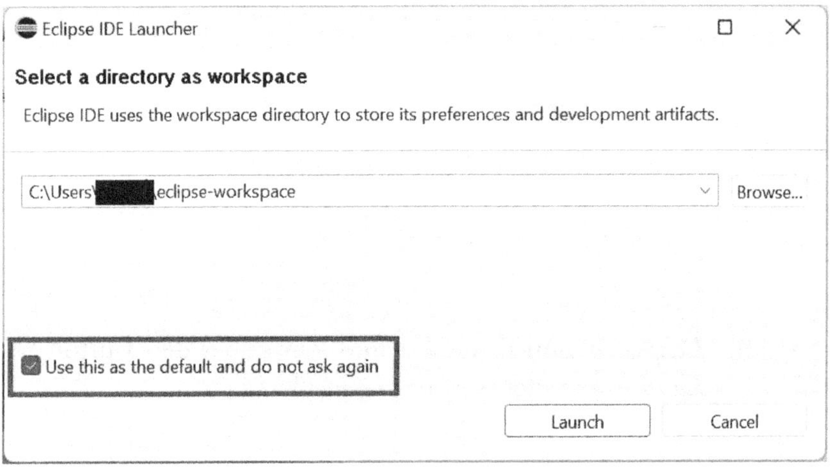

11. Mit einem Klick auf Launch öffnet sich der Willkommens-Bildschirm, den Sie über das kleine *X* neben *Welcome* direkt wieder schließen können. So gelangen Sie zum „richtigen“ *Eclipse*-Workspace.

12. Damit sind alle Vorbereitungen abgeschlossen und Sie können mit dem Schreiben Ihres ersten Java-Programms beginnen.

3. Hallo Welt! Erstellung Ihres ersten Java-Projekts

Das erste kleine Projekt ist das allseits bekannte *Hallo Welt!*-Programm, das ebendiesen Schriftzug auf dem Bildschirm Ihres Rechners ausgeben soll. Dazu legen Sie ein Java-Projekt an, das ein Package mit einer entsprechenden Klasse enthält.

Wenn Sie noch nie programmiert haben, dürften Ihnen die genannten Begriffe allerdings noch fremd sein, daher werden diese im Folgenden grob erklärt:

- Das **Java-Projekt** enthält alle Informationen zum Aufbau eines Java-Programms, wie den Quellcode und die zugehörigen Dateien. Ein Java-Projekt enthält ein oder mehrere Packages.
- Ein **Package** in Java ist vergleichbar mit den Verzeichnissen eines Dateisystems. Es beinhaltet standardmäßig alle Klassen zu einem bestimmten Thema.
- In den **Klassen** findet der größte Teil von Java statt, denn in diesen schreiben Sie den Programm-Code.

Info: Wenn Sie sich anstelle von *Eclipse* für eine andere IDE entschieden haben, sollte das an dieser Stelle auch kein Problem darstellen. Die grundlegenden Schritte sind in allen Tools dieselben.

1. Wählen Sie im Programm-Menü von *Eclipse* den Eintrag *File -> New -> Java-Project* aus oder klicken Sie im *Package Explorer* auf den Link *Create a Java-Project*.

2. Das Fenster *New Java Project* öffnet sich. Legen Sie einen Namen für Ihr neues Projekt fest. Hier wurde es schlicht *Hallo-Welt-Projekt* genannt. In den Bereichen *JRE* und *Project layout* können Sie angeben, welche JRE Sie für Ihr Projekt verwenden möchten und ob die Quellcodes und Class-Dateien in einem Verzeichnis oder getrennt abgelegt werden sollen. Für dieses kleine Einstiegsprojekt bleibt alles, wie es ist. Die Häkchen bei *Add project to working sets* und *Create modul-info.java file* können Sie ebenfalls entfernen – darauf wird zu einem späteren Zeitpunkt im Buch noch einmal zurückgekommen.

3. Klicken Sie auf *Finish*, um das neue Java-Projekt zu erstellen.

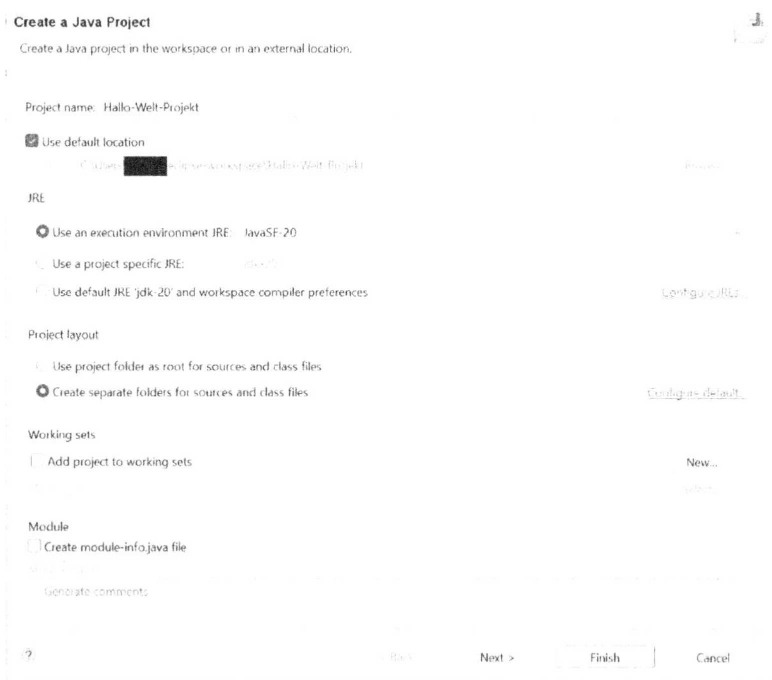

4. Ihr neu erstelltes Java-Projekt wird nun links im *Package Explorer* angezeigt. Klicken Sie darauf und erstellen Sie über *File -> New -> Package* ein neues Package.

5. Im Dialogfenster *New Java Package* legen Sie einen Namen für Ihr neues Paket fest. Im vorliegenden Beispiel wird es einfach *Package1* genannt.

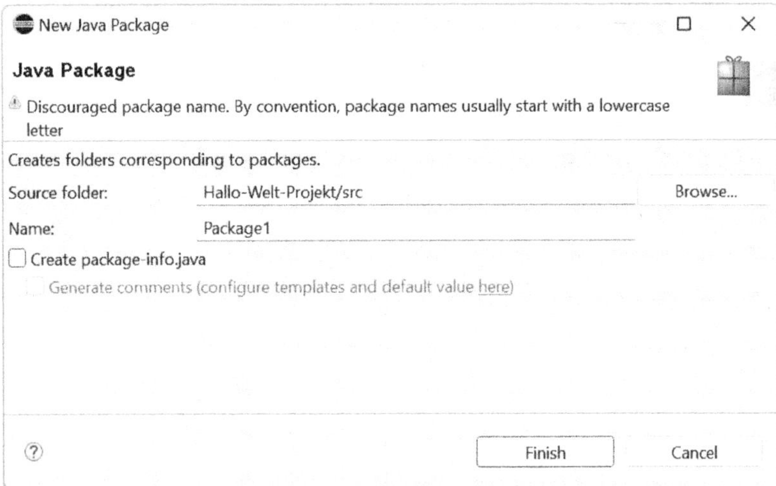

6. Klicken Sie auf Finish. Das Paket wird nun im *src*-Verzeichnis Ihres *Hallo-Welt-Projekts* angelegt und im Verzeichnisbaum des *Package Explorers* hinzugefügt.

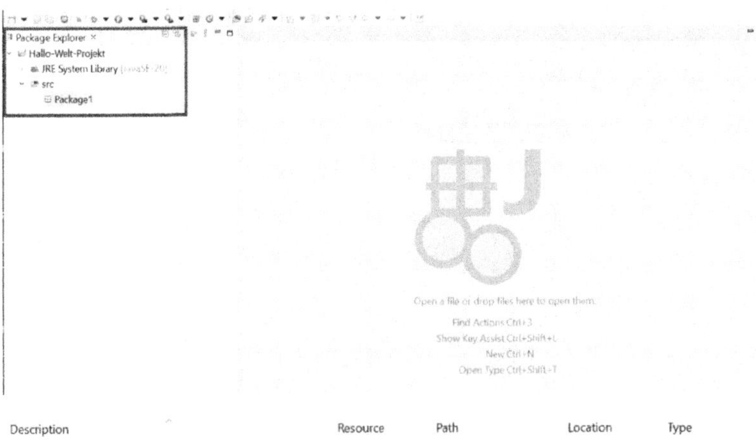

7. Jetzt fehlt nur noch eine Java-Klasse. Um diese zu erstellen, wählen Sie im *Package Explorer* das gerade erstellte *Package1* aus und gehen im Programm-Menü auf *File -> New -> Class.*

8. Das Dialogfenster *New Java Class* öffnet sich. Geben Sie einen Namen für Ihre Klasse ein (im Beispiel wird es *WeltKlasse* genannt) und setzen Sie das Häkchen bei *public static void main(String [ ] args)*. Klicken Sie auf *Finish*, um das Erstellen der Klasse abzuschließen.

> **Info:** Die *main()*-Methode *public static void main(String [ ] args)* ist in Java-Programmen der Einstiegspunkt, von dem aus die Ausführung startet. *static* bedeutet in diesem Zusammenhang, dass die Methode *main()* statisch (also unveränderlich) und unabhängig von der Klasse ist, in der sie gilt.

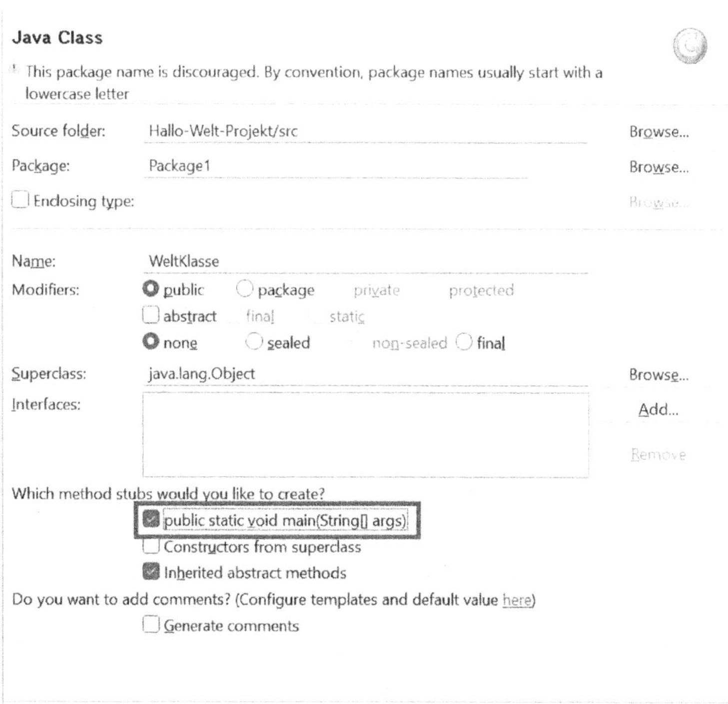

9. Im Editor-Fenster von *Eclipse* sehen Sie nun Ihr Package samt der dazugehörigen Klasse. Um die Ausgabe *Hallo Welt!* zu erzeugen, müssen Sie letztere noch um eine entsprechende Anweisung erweitern. Dazu verwenden Sie den Befehl *System.out.println(„Hallo Welt!")* und platzieren ihn zwischen den geschweiften Klammern der *main()*-Methode.

10. Damit ist Ihr erstes Java-Programm fertig und bereit zur Ausführung. Gehen Sie dazu oben in der Menüzeile auf *Run -> Run* oder auf das Symbol mit dem Pfeil. Um das Programm auszuführen, muss der Quellcode vorab gespeichert werden, daher öffnet sich ein weiteres Dialogfenster mit dem Namen *Save and Launch*. Setzen Sie das Häkchen bei *Always save rescources before launching*. Damit wird das Speichern zukünftig automatisch beim Programmstart erledigt.

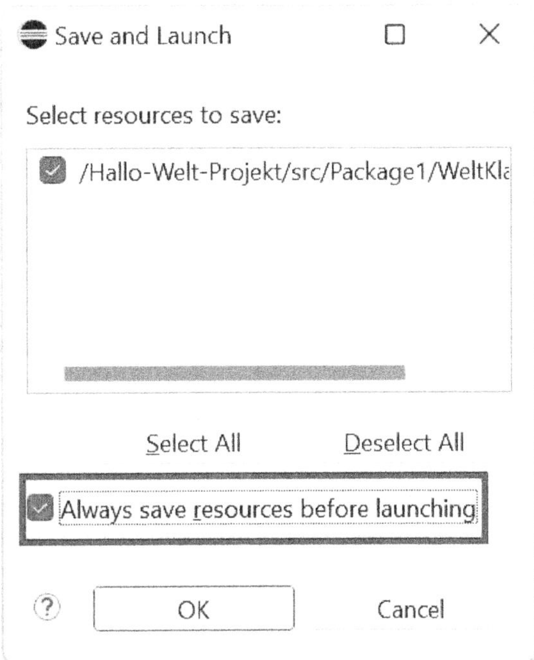

11. Nach einem Klick auf *OK* wird im Konsolenfenster schließlich unter Ihrem Quellcode die Ausgabe *Hallo Welt!* angezeigt.

4. Grundlagen der Programmierung mit Java

In den vorherigen Kapiteln wurden bereits einige grundlegende Eigenschaften und Merkmale der Programmiersprache Java erläutert, und Sie haben die wichtigsten Tools kennengelernt, die Sie für die Entwicklung von Anwendungen benötigen.

Wie in jeder Programmiersprache gibt es aber auch in Java bestimmte Vorschriften und Regeln, die der Entwickler befolgen muss, um eine funktionsfähige Anwendung zu erstellen. Man spricht dabei von der sogenannten Syntax, die durch den Compiler überprüft und validiert wird.

Das kleine *Hallo Welt!*-Programm liefert bereits eine Vorstellung der Grundstruktur eines Java-Programms. Darüber hinaus gibt es aber noch zahlreiche weitere Konstrukte und Komponenten.

4.1. Lexikalische Eigenschaften und Konventionen

Ein Java-Programm kann sowohl Buchstaben als auch Ziffern aus dem ASCII- und dem ISO-Latin-1-Zeichensatz enthalten. Diese werden *case-sensitive* behandelt, d. h. die Programmiersprache unterscheidet zwischen Groß- und Kleinschreibung. Die Zeichenkette *Programmierung* ist demnach nicht identisch der Zeichenkette *programmierung*. Dasselbe gilt auch für Attribut-, Klassen- und Methodennamen.

Ein Java-Programm besteht aus einer Folge von Unicode-Zeichen. Der Zeichenvorrat umfasst außerdem Leerzeichen, Eingabezeichen und Steuerzeichen (z. B. den Tabulator) sowie verschiedene Sonderzeichen, die in Separatoren und Operatoren unterteilt werden:

- **Separatoren**: () [ ] {} ; , .
- **Operatoren**: = > < ! ~ ? : & | + - * / ^ %

Der Unicode-Zeichensatz umfasst alle weltweit bekannten Textzeichen sowie mathematische, kaufmännische und technische Sonderzeichen und ist mit den ersten 128 Zeichen des ASCII- und mit den ersten 256 Zeichen des ISO-8859-1-Zeichensatzes kompatibel.

Ein Unicode-Zeichen ist 2 Byte respektive 16 Bit groß. In Java sind neben *String*- und *char*-Datenypen auch Bezeichner und literale Symbole in Unicode realisiert. Das bedeutet, dass Sie für Klassen- oder Variablennamen auch ohne Weiteres Sonderzeichen oder Symbole aus anderen Landessprachen verwenden können, vorausgesetzt, diese kollidieren nicht mit Schlüsselwörtern, dem Literal *null* oder den booleschen Literalen *true* und *false*, die zu einem späteren Zeitpunkt im Buch noch erläutert werden.

Info: Der Bezeichner *null* repräsentiert in der Programmierung die Abwesenheit eines Wertes oder das Fehlen einer Referenz auf eine Variable oder ein Objekt. Funktionen können *null* zurückgeben, wenn sie keinen gültigen Wert zurückgeben können oder kein Ergebnis vorliegt.

4.2. Bezeichner

Bezeichner sind Zeichenfolgen, mit denen die Namen von Klassen, Methoden, Variablen oder Objekten spezifiziert werden. Ein Bezeichner kann in Java beliebig lang sein, er muss aber immer mit einem Buchstaben (A-Z / a-z), einem Währungszeichen ($) oder einem Unterstrich (_) beginnen. Nach dem ersten Zeichen dürfen auch beliebige Kombinationen aus Buchstaben und Ziffern enthalten sein. Der Bezeichner darf aber nicht mit einem von Java reservierten Schlüsselwort übereinstimmen.

Gemäß diesen Regeln wären die folgenden Bezeichner zulässig:

meineVariable, $umme, _Gehalt

Die folgenden Bezeichner sind ungültig:

**Variable, 123Polizei, var.*

Aus Gründen der Übersichtlichkeit sollten Sie den ersten Buchstaben eines Klassennamens immer großschreiben. Kombinieren Sie beim Bezeichner mehr als ein Wort, ist das erste Zeichen des jeweiligen Wortes ein Großbuchstabe z. B. *WeltKlasse*.

Methodennamen sollten hingegen mit einem Kleinbuchstaben beginnen. Enthält der Methodenname mehr als ein Wort, wird der erste Buchstabe der inneren Wörter großgeschrieben z. B. *anzeige()*, *meineMethode()*.

Darüber hinaus gibt es in Java eine Reihe von reservierten Schlüsselwörtern (*keywords*), die in Programmen nicht als Bezeichner verwendet werden dürfen. Eine vollständige Liste finden Sie im Anhang.

4.3. Kommentare

Kommentare dienen zur Erläuterung des Codes und sind für die Programmausführung unerheblich, da sie vom Compiler nicht beachtet werden. Sie sind vor allem dann obligatorisch, wenn mehrere Entwickler an der Erstellung des Programmcodes beteiligt sind.

In Java existieren drei Arten von Kommentaren:

Einzeilige Kommentare werden zeilenweise verwendet. Sie beginnen mit // und enden mit der aktuellen Zeile.

// Das ist ein einzeiliger Kommentar bis zum Ende der Zeile.

Blockkommentare können sich über mehrere Zeilen erstrecken und werden üblicherweise für Erklärungen benutzt. Sie beginnen mit /* und enden mit */.

```
/*
 * Das ist ein Blockkommentar, der sich über mehrere Zeilen
 * erstrecken kann.
*/
```

> **Tipp:** Der Java-Compiler akzeptiert auch einzeilige Kommentare innerhalb von Blockkommentaren und umgekehrt (Verschachtelung). Kommentare derselben Art sind jedoch nicht schachtelbar.

Dokumentationskommentare können sich ebenfalls über mehrere Zeilen erstrecken und werden bei der Erstellung einer API-Dokumentation über *javadoc* eingesetzt. Sie beginnen mit /** und enden mit */.

```
/**
 * Das ist ein javadoc-Kommentar
 * @author Toni Tester
 * @version 1.1
 */
```

Während Sie einzeilige Kommentare und Blockkommentare überall im Quelltext verwenden können, sollten Dokumentationskommentare immer vor dem Element stehen, das sie beschreiben sollen. Auf diese Weise lässt sich die Anwendung direkt im Quelltext dokumentieren und mithilfe des Java-Dokumentationsgenerators *javadoc* anschließend eine umfangreiche HTML-Dokumentation generieren.

4.4. Dokumentation mit javadoc

javadoc ist seit der Version 2 fester Bestandteil des JDK. Das Tool wertet den Quellcode aus, sucht gezielt nach Dokumentationskommentaren und erstellt daraus zu jeder Klassendatei (z. B. *WeltKlasse.java*) eine gleichnamige HTML-Datei (z. B. *WeltKlasse.html*). Die einzelnen HTML-Dateien werden anschließend zu einer Gesamtdokumentation samt zusätzlicher Index- und Hilfsseiten zusammengefügt.

> **Info:** Wenn Sie die Dokumentationskommentare innerhalb von Methoden platzieren, kann *javadoc* sie nicht auswerten.

Zudem haben Sie die Möglichkeit, innerhalb von Dokumentationskommentaren bestimmte Tags zu verwenden, die von *javadoc* bei der Erstellung der Dokumentation berücksichtigt werden sollen. Die nachfolgende Tabelle listet die Wichtigsten davon auf:

javadoc-**Tag**	**Beschreibung**	**Anwendung bei**
@author name	Fügt einen Autoreneintrag hinzu. Es sind auch mehrere Einträge möglich.	Klasse, Interface
@version version	Erzeugt einen Versionseintrag. Es ist maximal ein Eintrag pro Klasse und Interface möglich.	Klasse, Interface
@since version	Gibt an, seit wann die Funktionalität existiert.	Klasse, Interface, Instanzvariable, Methode
@see reference	Erstellt eine Verlinkung auf ein anderes Element der Java-Dokumentation.	Klasse, Interface, Instanzvariable, Methode
@param name description	Erstellt eine Parameterbeschreibung.	Klasse, Methode
@return description	Erstellt eine Beschreibung des Rückgabewerts einer Methode.	Methode
@throws classname description	Beschreibung einer *exception*, die von dieser Methode geworfen werden kann.	Methode
@exception classname description	Der *javadoc*-Tag *@ exception* ist seit Version 1.2 ein Synonym von *@ throws*.	Methode

@deprecated description	Beschreibung einer veralteten Klasse oder Methode.	Klasse, Methode
@serial	Beschreibung der Bedeutung eines serialisierten Objekts.	Klasse
@serialData	Beschreibung der Daten eines serialisierten Objekts.	Methode
{@inheritDoc}	Kopiert die Beschreibung aus der überschriebenen Methode.	Überschreibende Methode
{@link reference}	Erstellt eine in-line Verlinkung zu einem anderen Dokument. Der Aufbau erfolgt analog zu *@see* (s. o.).	Klasse, Interface, Methode
{@docRoot}	Erstellt einen Link zum Hauptverzeichnis der Dokumentation.	Klasse, Interface, Methode
{@code}	Stellt Text in der code-Font dar, ohne ihn als HTML zu interpretieren.	Klasse, Interface, Methode
{@literal}	Stellt Text dar, ohne ihn als HTML zu interpretieren.	Klasse, Interface, Methode

Die HTML-Ausgabe wird mithilfe eines sogenannten *Doclets* erstellt. Dabei handelt es sich um zur Verarbeitung verwendete Module. Das Java-Standard-*Doclet* generiert eine HTML-Dokumentation, es können aber auch andere *Doclets* für Formate wie *PDF*, *XML* oder *RTF* genutzt werden.

Sehen wir uns anhand eines Beispiels an, wie Sie mithilfe von *javadoc* eine HTML-Dokumentation aus den Dokumentationskommentaren in Ihrem Quellcode generieren können. Dazu basteln wir als Erstes einen kleinen Code, der die verschiedenen Kommentar-Typen enthält:

```
package Package1;
/**
 * Das ist ein javadoc-Kommentar
 * @author Toni Tester
 * @version 1.1
 */

public class Dokumentation {
                    // Das ist ein einzeiliger Kommentar bis
                    zum Ende der Zeile.
                    /*
                     * Das ist ein Blockkommentar, der sich
                    über mehrere Zeilen
                     * erstrecken kann.
                     */

      }
```

Legen Sie in Ihrem Package1 eine weitere Klasse mit dem Namen *Dokumentation.java* an und kopieren Sie den Code hinein.

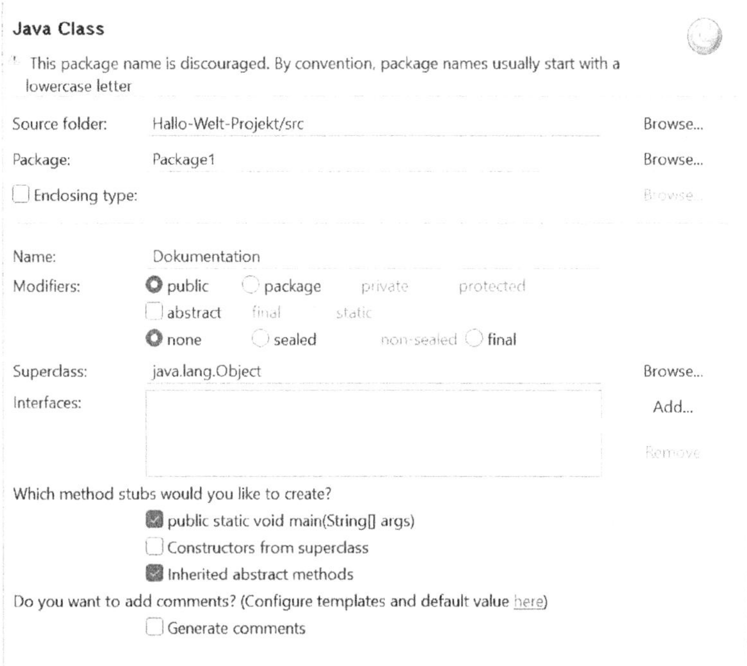
Java Class
This package name is discouraged. By convention, package names usually start with a lowercase letter
Source folder:
Hallo-Welt-Projekt/src
Browse...
Package:
Package1
Browse...
Enclosing type:
Browse...
Name:
Dokumentation
Modifiers:
public
package
private
protected
abstract
final
static
none
sealed
non-sealed
final
Superclass:
java.lang.Object
Browse...
Interfaces:
Add...
Remove
Which method stubs would you like to create?
public static void main(String[] args)
Constructors from superclass
Inherited abstract methods
Do you want to add comments? (Configure templates and default value here)
Generate comments

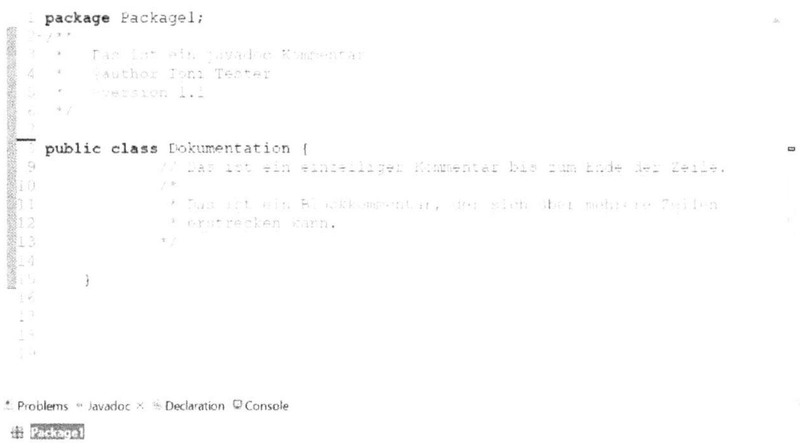
package Package1;
/**
* @author Toni Tester
* @version 1.1
*/
public class Dokumentation {
// Das ist ein einzeiliger Kommentar bis zum Ende der Zeile.
/*
* erstrecken kann.
*/
}
Problems
Javadoc
Declaration
Console
Package1

Im *Package1*-Verzeichnis Ihres *Hallo-Welt-Projects* befinden sich nun zwei Klassendateien:

WeltKlasse.java
Dokumentation.java

Klicken Sie in der IDE auf *Projekt* -> *Generate Javadoc...*

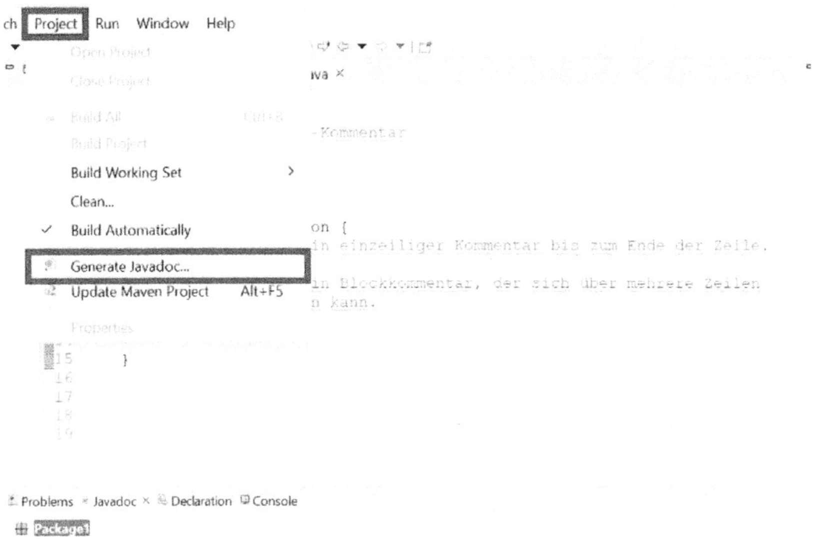

Im Dialogfenster *Javadoc Generation* können Sie die Details für die Dokumentation festlegen.

1. Klicken Sie links auf den Verzeichnisbaum und navigieren Sie bis zum *Package1*. Auf der rechten Seite werden nun die beiden Klassendateien angezeigt.
2. Setzen Sie das Häkchen bei der *Dokumentation.java*.
3. Die Dokumentation soll öffentlich zugänglich sein, daher können Sie die Einstellung auf *Public* belassen.

4. Für die Dokumentation wurde das Standard-HTML-*Doclet* benutzt. Über *Use custom doclet* können Sie aber eigene *Doclets* verwenden.

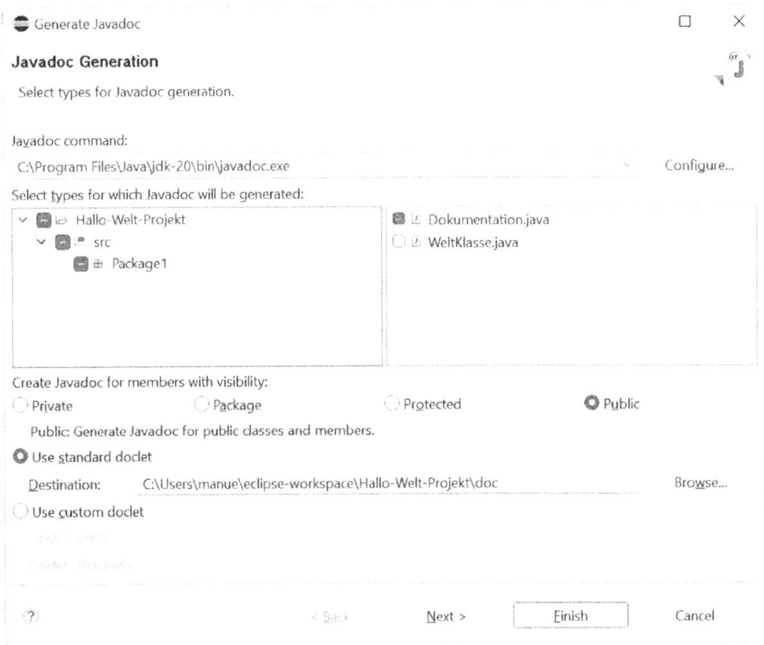

5. Klicken Sie auf *Next*.
6. Wenn Sie Ihre Dokumentation mit einem Titel versehen möchten, setzen Sie das Häkchen bei *Dokument title*.
7. Unter *Basic Options* legen Sie den Aufbau fest, z. B. ob ein Index und eine Navigationsleiste eingefügt werden sollen.
8. Im Bereich *Document these tags* können Sie bestimmte Tags von der Dokumentation ausschließen.
9. Wählen Sie aus, zu welchen Projekten und Archiven Verlinkungen erstellt werden sollen.
10. Setzen Sie das Häkchen bei *Style Sheet*, wenn Sie eine eigene Formatvorlage (z. B. eine *css*-Datei) verwenden möchten.

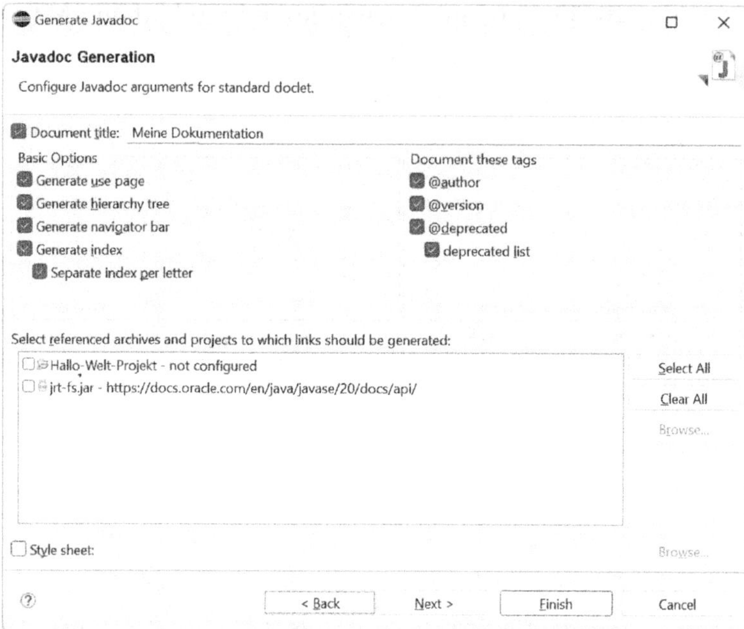

11. Es gibt noch ein drittes Fenster, in dem Sie VM- und Pfadeinstellungen vornehmen können. Im Rahmen dieses Buches sind diese allerdings unerheblich, daher werde ich nicht näher darauf eingehen.
12. Klicken Sie auf *Finish.*
13. Sie werden nun noch gefragt, ob als Pfad für die Dokumentation der Pfad des Standard-*Doclets* hinterlegt werden soll. Bestätigen Sie mit *Yes To All.*

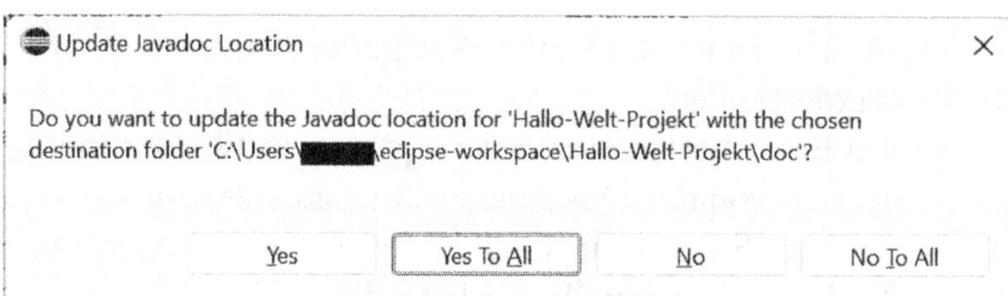

14. Die Dokumentation wird nun generiert und kann nach der Fertigstellung im Reiter *Javadoc* eingesehen werden.

Im Verzeichnisbaum auf der linken Seite finden Sie nun auch die Struktur *docs* mit den Bestandteilen der HTML-Dokumentation. Im Ordner index-files finden Sie die Datei *index.html*, über die Sie die Dokumentation mit einem Doppelklick im Browser aufrufen können:

Alternativ klappt das natürlich auch über den Verzeichnispfad *C:/Users/<Ihr Benutzername>/eclipse-workspace/Hallo-Welt-Projekt/doc/index-files/index.html.*

5. Variablen und Datentypen

Variablen sind Werte, die sich abhängig von den Bedingungen oder den an das Programm übergebenen Informationen ändern können. Sie sind also eine Art abstrakter Datenbehälter (engl. Container), auf den im Verlauf eines Programms zugegriffen oder dem ein neuer Wert zugewiesen werden kann.

Damit sie über das Programm ansprechbar sind, benötigen alle Variablen einen Bezeichner. Die Benennung muss dabei nach den in Kapitel 4.2. angesprochenen Konventionen erfolgen.

In Java unterscheidet man drei Arten von Variablen:

- **Instanzvariablen** werden im Rahmen einer Klassendefinition deklariert und zusammen mit dem Objekt angelegt.
- **Klassenvariablen** werden im Rahmen einer Klassendefinition deklariert, existieren aber unabhängig von einem konkreten Objekt.
- **Lokale Variablen** werden innerhalb einer Methode oder eines Blocks deklariert und existieren ausschließlich dort.

Bei der Deklaration wird der Variable ein Datentyp zugewiesen, der die Art und Größe des Werts bestimmt, den sie enthalten kann. Dieser Vorgang wird auch als Initialisierung bezeichnet. Um einer Variable des Typs *V* einen Wert *X* zuweisen zu können, müssen *V* und *X* zuweisungskompatibel sein. Was es damit auf sich hat und welche Datentypen zuweisungskompatibel sind, erkläre ich am Ende des Kapitels noch einmal genauer.

Die Initialisierung einer Variablen kann in Java an einer beliebigen Stelle im Programmcode stattfinden und erfolgt in der Form:

<Typname><Variablenname> = <Wert>;

Die Anweisung *b = 7;* erzeugt somit eine Variable mit dem Namen *b* vom Typ *integer* – also eine ganze Zahl – die direkt bei der Deklaration initialisiert wird.

5.1. Sichtbarkeit von Variablen

Wenn eine Variable deklariert wird, ist sie ab diesem Zeitpunkt für andere Programmteile sichtbar. Wie lange, hängt dabei vom Variablen-Typ ab:

Bei **lokalen Variablen** erstreckt sich die Sichtbarkeit von der Deklaration bis zum Ende der Methode, in der diese erfolgt ist. Wurde die Variable innerhalb eines Blocks initialisiert, ist sie bis zum Verlassen des Blocks sichtbar. Eine lokale Variable darf Instanz- oder Klassenvariablen verdecken. Das Verdecken einer gleichnamigen lokalen Variable in einem anderen Block ist jedoch nicht zulässig, d. h. sie darf nicht den gleichen Bezeichner tragen wie eine lokale Variable außerhalb des Blocks.

Instanzvariablen sind innerhalb der ganzen Klasse sichtbar, solange sie nicht durch eine gleichnamige lokale Variable verdeckt werden. Über *this*.name ist der Zugriff auf die Instanz- bzw. Klassenvariable aber auch dann weiterhin möglich, wenn eine gleichnamige lokale Variable existiert:

Mit dem Befehl *this.varA* greifen Sie auf die Instanzvariable zu, die (gleichnamige) lokale Variable sprechen Sie mit *varA* an. Die Lebenszeit (und damit auch die Sichtbarkeit) einer Instanzvariable endet mit dem Zerstören des zugehörigen Objekts.

Klassenvariablen existieren während der kompletten Programmlaufzeit und sind in dieser Zeit auch sichtbar. Die Sichtbarkeitsregeln entsprechen dabei denen von Instanzvariablen.

5.2. Primitive Datentypen

Java kennt acht primitive (grundlegende) Datentypen mit verbindlicher Länge:

Datentyp	Kürzel	Größe	Bedeutung	Werte bereich	Wrapper-Klasse
Byte	*byte*	8 Bit	ganze Zahlen	-128 bis +127	java.lang. Byte
Short	*short*	16 Bit	ganze Zahlen	-2^{15} bis $2^{15}-1$	java.lang. Short
Integer	*int*	32 Bit	ganze Zahlen	-2^{31} bis $2^{31}-1$	java.lang. Integer
Long	*long*	64 Bit	ganze Zahlen	-2^{63} bis $2^{63}-1$	java.lang. Long
Character	*char*	16 Bit	Unicode-Zeichen	‚\u0000‘ bis ‚\ uFFFF‘ 0 bis 65535	java.lang. Character

Float	*float*	32 Bit	Fließkommazahlen	$\pm 1.2\times10^{-38}$ bis 3.4×10^{38}	java.lang. Float
Double	*double*	64 Bit	Fließkommazahlen	$\pm 2.2\times10^{-3}$ bis 1.8×10^{308}	java.lang. Double
Boolean	*boolean*	1 Bit	Wahr oder Falsch	*true / false*	java.lang. Boolean

Info: Wrapper-Klassen „umhüllen" primitive Datentypen, sodass diese auch als Objekte gespeichert werden können und grundsätzlich alle objektorientierten Eigenschaften (z. B. Ableitung, Überladung etc.) möglich sind.

Im folgenden Beispielprogramm legen wir acht Variablen an, die jeweils einen primitiven Datentyp repräsentieren, und lassen die Werte anschließend ausgeben:

```
/*
 * Beispielcode mit den 8 primitiven Java-Datentypen.
 */

public class PrimitiveDatentypen{
  public static void main(String[ ] args) {
    boolean BooleanVar = true;
    char CharacterVar  = '\u0051';
    byte ByteVar       = 123;
    float FloatVar     = 3.01f;
    double DoubleVar   = 16_394_000_000_000.987654321;
    short ShortVar     = -1234;
    int IntegerVar     = 1_234_567_890;
    long LongVar       = -9_223_372_036_854_775_808L;

    System.out.println(„Liste der deklarierten Werte");
    System.out.println("Boolean-Variable: " + BooleanVar);
    System.out.println("Character-Variable: " + CharacterVar);
```

```
        System.out.println("Byte-Variable: " + ByteVar);
        System.out.println("Float-Variable: " + FloatVar);
        System.out.println("Double-Variable: " + DoubleVar);
        System.out.println("Short-Variable: " + ShortVar);
        System.out.println(„Integer-Variable: „ + IntegerVar);
        System.out.println("Long-Variable: " + LongVar);
    }
}
```

Führen Sie den Code in *Eclipse* aus, erhalten Sie das folgende Ergebnis:

Liste der deklarierten Werte
Boolean-Variable: true
Character-Variable: Q
Byte-Variable: 123
Float-Variable: 3.01
Double-Variable: 1.6394000000000988E13
Short-Variable: -1234
Integer-Variable: 1234567890
Long-Variable: -9223372036854775808

Wir sehen sofort, dass die Variable vom Typ *double* nicht den exakten Wert enthält, der zuvor deklariert wurde. Eine *double*-Variable kann Zahlen mit bis zu 16 Dezimalstellen verarbeiten. Der ursprünglich von uns eingegebene Wert wurde also gerundet und in einen Wert mit geringerer Genauigkeit konvertiert, wodurch ein sogenannter *loss of precision* (Präzisionsverlust) entsteht.

Sehen wir uns die 8 primitiven Datentypen und ihre Merkmale aber noch etwas genauer an:

5.2.1. Boolean

Als logischer Datentyp kommt *boolean* immer dann zum Einsatz, wenn ein entsprechender Operand erforderlich ist. Seine Aufgabe besteht darin, entweder *true* oder *false* auszugeben, andere Werte können nicht angenommen werden.

Benötigen Sie in einem Programm beispielsweise eine Methode, die eine Berechnung auf ihre Richtigkeit hin überprüft, würde der Boolesche Wert dieser Methode bei einem richtigen Ergebnis *true* lauten, ansonsten wäre er *false*.

5.2.2. Character

Der Datentyp *char* speichert Zeichen auf Basis des Unicode-Zeichensatzes. In den meisten anderen Programmiersprachen verwendet *char* nur 8 Bit, in Java sind dafür allerdings 16 Bit reserviert. Dadurch können auch Schriftzeichen in anderen Sprachen dargestellt werden, was wiederum die Portabilität auf vielen unterschiedlichen Plattformen sicherstellt.

Eine *char*-Variable stellt immer ein einzelnes Zeichen dar und belegt einen Speicherplatz von 2 Byte. Daraus ergibt sich ein Wertebereich von 2^{16} Zeichen (‹\u0000›bis ‹\uFFFF› bzw. 0 bis 65535). Um mehrere Zeichen aneinanderzureihen (z. B.

in *Strings*), verwenden Sie Objekte, die aus den *char*-Daten konstruiert werden.

char-Literale werden immer in einfachen Hochkommas angegeben. Unicode-Zeichen und -Zeichenfolgen lassen sich mithilfe von Steuerzeichen oder Escape-Sequenzen darstellen. Der Vorgang wird als „Maskierung“ bezeichnet.

Exkurs zu Maskierungszeichen: Maskierungszeichen dienen dazu, die Interpretation von Zeichen oder Zeichenfolgen in verschiedenen Umgebungen zu steuern, damit sie korrekt dargestellt oder verarbeitet werden können.

Einige Beispiele in unterschiedlichen Kontexten:

1. **HTML-Escaping:**
   - **&**: Maskierung für das kaufmännische Und-Zeichen **&**.
   - **<**: Maskierung für das kleiner-als-Zeichen <.
   - **>**: Maskierung für das größer-als-Zeichen >.
2. **Unicode-Escape-Sequenzen:**
   - **\uXXXX:** Hier steht „XXXX“ für die vierstellige hexadezimale Unicode-Position des Zeichens.
   - **\u00A9** entspricht dem Copyright-Symbol ©.
3. **Programmierung (reguläre Ausdrücke):**
   - **\n**: Maskierung für einen Zeilenumbruch.
   - **\t**: Maskierung für einen Tabulator.
   - ****: Maskierung für einen Backslash.

4. **Dateisysteme:**
   - In einigen Dateisystemen wird das Backslash-Zeichen (\ ) als Maskierung verwendet, um Sonderzeichen oder Leerzeichen in Dateinamen zu ermöglichen. Zum Beispiel: **file\name.txt**.
5. **Datenbanken / SQL:**
   - " oder „": Maskierung für Zeichenfolgen in SQL.
   - \: Maskierung für Sonderzeichen oder Escape-Sequenzen in SQL, um sie als Teil einer Zeichenkette zu verwenden.

Durch *\u* werden die nachfolgenden Zeichen als Unicode-Kodierung maskiert:

char unicode = ‚\u0003';

Für Buchstaben oder Zahlen reichen hingegen einfache Hochkommas aus:

char buchstabe = ‚Y';
char ziffer = ‚73';

Zeichen oder Zeichenketten in doppelten Anführungszeichen werden als *String*-Literale behandelt und entsprechen keinem primitiven Datentyp:

String s1 = „Alles klar?";
String s2 = 12 + „Mitarbeiter";

Anstelle der normalen Zeichen können Sie als *char*-Literal auch sogenannte Escape-Sequenzen angeben. Dabei handelt es sich um Zeichenkombinationen, die keinen Text darstellen, sondern eine Sonderfunktion ausführen:

Escape-Sequenz	Beschreibung / Funktion
\b	Backspace (Rückschritt im Text oder Löschen eines einzelnen Zeichens)
\t	Tabulator
\n	neue Zeile
\r	Carriage Return (Wagenrücklauf)
\\	Backslash
\‘	Apostroph
\“	Anführungszeichen
\f	Form Feed (Seitenvorschub)

Die Escape-Sequenzen müssen vor der eigentlichen Quelltext-Interpretation platziert werden, können ansonsten aber an jeder beliebigen Stelle im Code – auch außerhalb von *char*-Literalen – stehen.

Sehen wir uns dazu wieder ein paar Beispiele an:

Wenn Sie einen *String* erstellen möchten, der selbst Anführungszeichen enthält, verwenden Sie das Escape-Zeichen \“:

```
public class Lieblingslied {
public static void main(String[ ] args) {
        String meinLieblingslied = new String („Mein Lieblingslied ist \“Lola Montez\“ von Volbeat“);
        System.out.println(meinLieblingslied);
  }
}
```

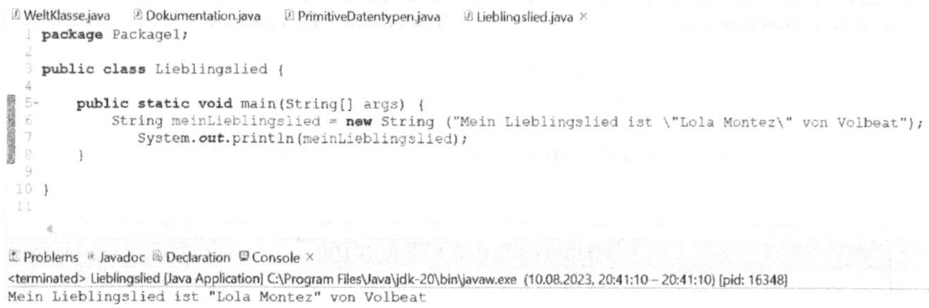

Bei der Anzeige von Liedtexten oder Gedichten ist es durchaus sinnvoll, Zeilenumbrüche einzufügen. Mit dem Escape-Zeichen *\n* signalisieren Sie dem Compiler, dass er in eine neue Zeile springen soll:

```
public class LolaMontez {
        public static void main(String[ ] args) {
                String volbeat = new String („Feel the fire where
                she walks \nLola Montez, so beautiful \nShady
                and a tempered dame \nBlinding your eyes with
                her spider dance „);
            System.out.println(volbeat);
        }
    }
```

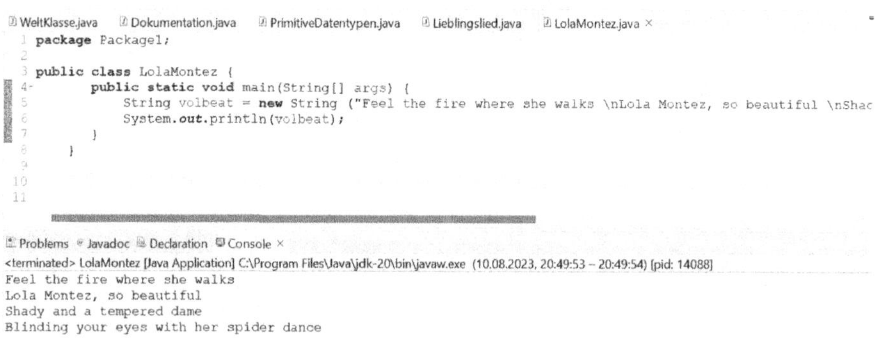

Sie können Escape-Zeichen und Unicode aber auch verwenden, um Texte zu kodieren, die in verschiedenen Sprachen geschrieben sind.

Der Text

> *Matrjoschka (russisch матрёшка, wiss. Transliteration: matrëška) sind aus Holz gefertigte und bunt bemalte, ineinander schachtelbare russische Puppen mit Talisman-Charakter.*

sieht als Unicode wie folgt aus:

\u004d\u0061\u0074\u0072\u006a\u006f\u0073\u0063\
u0068\u006b\u0061\u0020\u0028\u0072\u0075\u0073\
u0073\u0069\u0073\u0063\u0068\u0020\u043c\u0430\
u0442\u0440\u0451\u0448\u043a\u0430\u002c\u0020\
u0077\u0069\u0073\u0073\u002e\u0020\u0054\u0072\
u0061\u006e\u0073\u006c\u0069\u0074\u0065\u0072\
u0061\u0074\u0069\u006f\u006e\u003a\u0020\u006d\
u0061\u0074\u0072\u00eb\u0161\u006b\u0061\u0029\
u0020\u0073\u0069\u006e\u0064\u0020\u0061\u0075\
u0073\u0020\u0048\u006f\u006c\u007a\u0020\u0067\
u0065\u0066\u0065\u0072\u0074\u0069\u0067\u0074\
u0065\u0020\u0075\u006e\u0064\u0020\u0062\u0075\
u006e\u0074\u0020\u0062\u0065\u006d\u0061\u006c\
u0074\u0065\u002c\u0020\u0069\u006e\u0065\u0069\
u006e\u0061\u006e\u0064\u0065\u0072\u0020\u0073\
u0063\u0068\u0061\u0063\u0068\u0074\u0065\u006c\
u0062\u0061\u0072\u0065\u0020\u0072\u0075\u0073\
u0073\u0069\u0073\u0063\u0068\u0065\u0020\u0050\
u0075\u0070\u0070\u0065\u006e\u0020\u006d\u0069\
u0074\u0020\u0054\u0061\u006c\u0069\u0073\u006d\
u0061\u006e\u002d\u0043\u0068\u0061\u0072\u0061\
u006b\u0074\u0065\u0072\u002e

Probieren Sie es einfach aus: https://www.germantools.org/de/convert-german-text-into-unicode

Das kyrillische Zeichen *ш* (*sha*) entspricht beispielsweise dem Unicode *\u0448*. Damit die Kodierung auch im Programm wie gewünscht funktioniert, müssen allerdings die betreffenden Zeichensätze auf Ihrem System installiert sein.

5.2.3. Byte, Short, Integer & Long – Die integralen Datentypen

Die Datentypen *byte*, *short*, *int* und *long* werden als integrale Datentypen bezeichnet und repräsentieren mit Vorzeichen behaftete Ganzzahlen. Sie unterscheiden sich in Bezug auf die Länge und den Wertebereich.

Damit das Potenzial der vorhandenen Ressourcen (z. B. CPU-Leistung oder Speicherkapazität) bestmöglich ausgeschöpft werden kann, muss die entwickelte Software sie möglichst effizient nutzen. Darüber hinaus hat die geringere Belastung der Systemressourcen auch Auswirkungen auf die Langlebigkeit und Nachhaltigkeit, z. B. in Hinblick auf die Akku-Laufzeiten oder den Verschleiß.

Für eine ressourcenoptimierte Programmierung sollten Sie immer den passenden integralen Datentyp für die jeweilige Anforderung wählen:

- *byte* ist mit einer Länge von 8 Bit (1 Byte) der kleinste numerische Datentyp in Java und umfasst einen Wertebereich von -128 bis +128. Er beansprucht am wenigsten Speicherplatz und kommt häufig in Zusammenhang mit Feldern oder in der grafischen Datenverarbeitung zum Einsatz. Dazu werden oftmals sogenannte *byte*-Arrays verwendet, auf die nachfolgend im Detail eingegangen wird.
- Der benötigte Speicherplatz des Datentyps *short* ist mit 16 Bit (2 Byte) doppelt so groß wie der des Datentyps *byte* und umfasst einen Wertebereich von -32768 (2^{15}) bis +32767 (2^{15}-1).
- *int*-Werte haben eine Größe von 32 Bit (4 Byte) und umfassen einen Bereich von -2147483648 (-2^{31}) bis +2147483647 (2^{31}-1).

- *long* ist der größte vorzeichenbehaftete Datentyp für Ganzzahlen. Er benötigt mit 64 Bit (8 Byte) den meisten Speicherplatz und umfasst einen Wertebereich von -9223372036854775808 (-2^{63}) bis 9223372036854775807 ($2^{63}-1$).

Die Eingabe der Werte kann auf vier unterschiedliche Arten erfolgen:

1. Dezimalform (ohne Präfix)
2. Oktalform (mit Präfix 0)
3. Hexadezimalform (mit Präfix 0x)
4. Binärform (mit Präfix 0b, wurde mit der Java-Version 7 eingeführt)

Der nachfolgende Code stellt die Schreibweisen der integralen Datentypen am Beispiel des Dezimalwertes 30 dar:

```
wertDezimal = 30;
wertOktal = 036;
wertHexadezimal = 0x1E;
wertBinär = 0b11110;
```

Tipp: Die Konvertierung wurde mithilfe eines Online-Rechners (https://www.matheretter.de/rechner/zahlenkonverter) durchgeführt. Für Mathematik-Interessierte gibt es im Internet aber auch Tutorials mit detaillierten Umrechnungsanleitungen für die jeweiligen Schreibweisen.

Um einen Wert als *long* zu definieren, muss die Zahl durch das Suffix *L* ergänzt werden. Andernfalls würde der Compiler sie automatisch als Literal vom Datentyp *int* betrachten:

```
long wertLong = 1234567890123456789OL
```

Seit der Version 7 lassen sich in numerischen Werten auch Unterstriche verwenden, mit denen Sie vielstellige Nummern und Variablennamen optisch unterteilen können:

long wert_Long = 1234_5678_9012_3456_7890L;

Für unser Beispiel gilt demnach:

wertLong == wert_Long

5.2.4. Float & Double – Die Fließkommazahlen

Fließkommazahlen dienen in Java zur Darstellung von Dezimalzahlen mit Gleitkomma-Genauigkeit. Dafür gibt es zwei unterschiedliche Datentypen:

float hat eine Größe von 32 Bit und umfasst einen Wertebereich von $\pm1.2\times10^{-38}$ bis 3.4×10^{38}. Dieser Datentyp wird häufig verwendet, wenn Speicherplatz gespart werden muss und eine Genauigkeit von 6 bis 7 Dezimalstellen ausreicht. Für die Angabe eines *float*-Wertes muss ein *f*-Suffix angehängt werden:

float wertFloat = 3.14457f

Für Berechnungen, die eine höhere Genauigkeit erfordern, gibt es den Datentyp *double*. Dieser besitzt eine Größe von 64 Bit und bietet somit die doppelte Genauigkeit von *float*. Der Wertebereich erstreckt sich von $\pm2.2\times10^{-3}$ bis 1.8×10^{308}. Um einen *double*-Wert zu verwenden, muss kein Suffix angegeben werden:

double wertDouble = 3.144577345671230

Aufgrund der höheren Genauigkeit ist *double* üblicherweise der Standard-Datentyp für Fließkommazahlen in Java. Bei sehr speicherplatzsparenden Anforderungen können Sie stattdessen *float* verwenden, Sie sollten sich dabei aber der Genauigkeitsbeschränkung bewusst sein.

> **Info:** Für präzise Berechnungen mit Dezimalzahlen verwendet man in Java normalerweise den Datentyp *BigDecimal* aus der Bibliothek *java.math*. Dieser bietet eine beliebige Genauigkeit und eine 32-Bit-Ganzzahlskala, ist aufgrund seiner speziellen Implementierung aber etwas langsamer.

5.3. Referenzdatentypen (Nicht-primitive Datentypen)

Im Gegensatz zu primitiven Datentypen, die tatsächliche Werte halten, speichern Referenzdatentypen nicht den eigentlichen Inhalt eines Objektes, sondern lediglich Verweise respektive Adressen auf Speicherbereiche, in denen Objekte oder komplexe Datenstrukturen abgelegt sind. Die Speicherallokation erfolgt dynamisch zur Laufzeit, was bedeutet, dass der Speicher für Objekte zur Laufzeit erstellt und freigegeben wird.

Referenzdatentypen werden verwendet, um Instanzen von Klassen, Schnittstellen oder anderen komplexen Datenstrukturen zu repräsentieren. Zudem können sie Methoden und Verhalten definieren, die auf die Daten innerhalb der Objekte angewendet werden können. Sie bilden somit die Grundlage für die Erstellung komplexer Datenstrukturen und die Arbeit mit Objekten.

Einige Beispiele für Referenzdatentypen in Java:

- **Klassen** sind benutzerdefinierte Datentypen, die aus Instanzvariablen und Methoden bestehen. Sie werden zur Modellierung von Objekten und Datenstrukturen verwendet. Bei einem Objekt handelt es sich um eine konkrete Instanz einer Klasse, auf die mithilfe eines Referenzdatentyps verwiesen werden kann.

- **Arrays** enthalten eine Sammlung von Elementen eines bestimmten Datentyps. Bei der Erstellung eines Arrays wird eine Referenz auf ebendieses zurückgegeben. Die Deklaration erfolgt im Format *datentyp arrayname [ ] = new datentyp [arraylänge].*
- **Schnittstellen (Interfaces)** werden in Klassen implementiert. Die Referenz eines Schnittstellentyps kann auf ein Objekt verweisen, in das eine Klasse mit der betreffenden Schnittstelle implementiert ist.
- **Enumerationen** repräsentieren eine endliche Menge von Konstanten, auf die mithilfe einer Referenz zugegriffen werden kann.

Da er als Instanz einer Klasse implementiert ist, gehört auch *String* in Java zu den Referenzdatentypen. *String*-Objekte sind unveränderlich, was bedeutet, dass sie nach der Erstellung nicht mehr verändert werden können. Jede Änderung führt stattdessen zur Erzeugung eines neuen *String*-Objekts, das zur Laufzeit dynamisch im Heap-Speicher erstellt wird.

Info: Der Heap-Speicher ist ein dedizierter Speicherbereich, in dem hauptsächlich Java-Klassen und Instanzen abgelegt werden. Er wird dynamisch zur Laufzeit verwaltet und kann während der Programmausführung erstellt und freigegeben werden. Der Heap-Speicher wird vom integrierten Garbage Collector überwacht, der nicht mehr referenzierte Objekte entfernt. Zu diesem Thema erfahren Sie im weiteren Verlauf des Buches aber noch mehr.

Darüber hinaus verfügen *String*-Objekte über eine Vielzahl von Methoden, die in der *String*-Klasse definiert werden und mit denen Operationen wie Vergleiche, Extraktionen oder Verknüpfungen von Zeichenketten möglich sind.

Um die Arbeit mit *String*-Objekten so effizient wie möglich zu gestalten, verwendet Java außerdem spezielle Optimierungen und Operatorüberladungen, dank derer *String*-Operationen oftmals genauso performant wie Operationen mit primitiven Datentypen sind.

> **Info:** Bei einer Operatorüberladung werden einem Operator mehrere Funktionen oder Bedeutungen zugewiesen. Auf diese Weise lässt er sich basierend auf dem übergebenen Datentyp in unterschiedlichen Operationen einsetzen.

5.4. Typumwandlung (Casting)

Die Umwandlung eines Datentyps in einen anderen wird in Java als Typumwandlung (engl. Casting) bezeichnet und kann nur mit kompatiblen Datentypen erfolgen. Passt der Wert des Ausgangsdatentyps nicht zum Zieldatentyp, kann ein Datenverlust auftreten (z. B. durch potenzielle Rundungsfehler bei der Umwandlung von *double*- oder *float*-Werten in *int* oder *long*)

Es gibt zwei Arten von Typumwandlung:

- Bei der **impliziten Typumwandlung (implicit casting)** übernimmt der Compiler die Wertumwandlung und führt sie automatisch durch, wenn sichergestellt ist, dass kein Datenverlust verursacht wird. Die implizite Typumwandlung wird üblicherweise für die Überführung von Datentypen mit kleineren Wertebereichen in Datentypen mit größeren Wertebereichen verwendet.

- Bei der **expliziten Typumwandlung (explicit casting)** wird die Umwandlung ausdrücklich mithilfe von Typumwandlungsoperatoren im Quellcode angewiesen. Die explizite Typumwandlung kommt bei der Überführung von Datentypen mit größeren Wertebereichen in Datentypen mit kleineren Wertebereichen zum Einsatz – also immer dann, wenn ein potenzieller Datenverlust entstehen kann.

Dazu wieder ein kleines Beispiel:

Wir deklarieren einen *int*- und eine *byte*-Variable und weisen beiden einen Wert zu.

int intWert = 35;
byte byteWert= 120;

Da *int* „mächtiger" als *byte* ist, lässt sich der Wert durch implizites Casting direkt überführen. Der Zieldatentyp wird immer zuerst angegeben:

intWert = byteWert;

Die Umwandlung von *int* in *byte* muss hingegen durch explizites Casting erfolgen. Dazu wird der Zieldatentyp bei der Zuweisung in Klammern vor den zuzuweisenden Wert gesetzt. Die Umwandlung erfolgt dann in zwei Schritten: Der zuzuweisende Wert wird in den gewünschten Datentyp überführt und anschließend dem Zieldatentyp zugewiesen:

byteWert = (byte) intWert;

6. Kontrollstrukturen

Mithilfe von Kontrollstrukturen können Sie den Programmablauf kontrolliert steuern und von der sequenziellen Abarbeitung der Prozesse abweichen. Auf diese Weise lassen sich bestimmte Anweisungsblöcke wiederholen oder nur bestimmte Bedingungen ausführen.

6.1. Schleifen

Wenn einzelne Anweisungen oder Anweisungsblöcke wiederholt ausgeführt werden sollen, kommen in der Softwareentwicklung Schleifen zum Einsatz. In Java unterscheidet man vier verschiedene Arten von Schleifen:

6.1.1. for-Schleifen

for-Schleifen werden verwendet, um Codes eine bestimmte Anzahl von Malen auszuführen. Dazu wird üblicherweise eine Zählvariable verwendet. Diese enthält meist einen numerischen Wert, durch dessen Inkrement oder Dekrement sich die Anzahl der Schleifendurchläufe steuern lässt.

Die Syntax einer *for*-Schleife sieht folgendermaßen aus:

for (initialisierung; bedingung; inkrement) {
anweisung; // Code, der wiederholt ausgeführt wird, solange die Bedingung wahr ist
}

Nach dem Schlüsselwort *for* folgen in runden Klammern und durch Semikola getrennt

- die Deklaration und Initialisierung der Zählvariablen,
- die Bedingung für einen Abbruch und
- das Inkrement oder Dekrement der Zählvariablen.

Bitte beachten: Hinter dem letzten Ausdruck (Inkrement oder Dekrement der Zählvariablen) darf kein Semikolon stehen.

Das Schlüsselwort und die Ausdrücke in Klammern ergeben zusammen den sogenannten Schleifenkopf. Die auszuführenden Anweisungen werden dahinter in geschweiften Klammern notiert.

Ein einfaches Beispiel:

```
for (int i=0; i<15; i++) {
 System.out.println(i);
}
```

Der Ausdruck *i=0* erzeugt die Zählvariable *i*, die anhand der Abbruchbedingung *i<15* überprüft wird. Ergibt die Prüfung *true*, wird der Code innerhalb des Schleifenkörpers ausgeführt und die Zählvariable *i* um 1 erhöht (*i++*). Ergibt die Prüfung *false*, wird die Schleife beendet und die Ausführung des Programms nach dem Schleifenkörper fortgesetzt.

Daraus bauen wir zur Veranschaulichung wieder ein kleines Programm, das nach jedem Schleifendurchlauf den Inhalt der Zählvariablen anzeigt:

```
public class ForSchleife {
	public static void main(String[ ] args){
	for(int i=0;i<10;i++){
```

```
System.out.println(i);
    }
  }
}
```

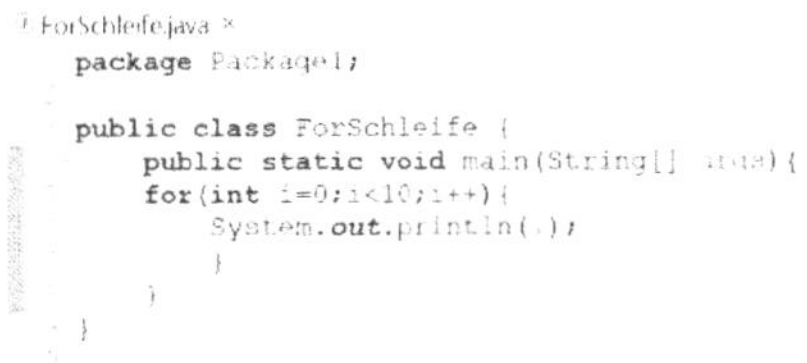

for-Schleifen sind auch in der Lage, mit mehreren Zählvariablen umzugehen – vorausgesetzt, diese bleiben eindeutig. Die *for*-Schleife im nachfolgenden Code-Beispiel besitzt zwei Zählvariablen, die im Schleifenkopf durch Komma getrennt deklariert, initialisiert und unterschiedlich inkrementiert (*i=i-2*) bzw. dekrementiert (*j--*) werden.

Die Abbruchbedingung in der Mitte des Schleifenkopfs (*j+ i>5*) muss ebenfalls eindeutig bleiben. Hier darf keine zweite Bedingung gesetzt werden:

```
public class DoppelteForSchleife {
    public static void main(String[ ] args){
    for(int i=5, j=25; j+i>5; i=i-2, j--){
      System.out.println(i + j);
    }
  }
}
```

```
DoppelteForSchleife.java ×
package Package1;

public class DoppelteForSchleife {
    public static void main(String[] args){
    for(int i=5, j=25; j+i>5; i=i-2, j--){
        System.out.println(i + j);
        }
    }
}
```

```
Problems  Javadoc  Declaration  Console ×
<terminated> DoppelteForSchleife [Java Application] C:\Program Files\Java\jdk-20\bin\javaw.exe (08.11.2023, 20:51:50 – 20:51:50) [pid: 8848]
30
27
24
21
18
15
12
9
6
```

6.1.2. for-each-Schleifen

for-each-Schleifen werden verwendet, um bestimmte Vorgänge über sämtliche Elemente eines Arrays oder andere Arten von Sammlungen durchzuführen. Sie stellt eine erweiterte Form der *for*-Schleife dar und hilft dabei, unübersichtliche Quelltexte mit *for*-Schleifen und Iteratoren zu vermeiden.

Eine *for-each*-Schleife ist wie folgt aufgebaut:

```
for (datentyp bezeichner : ausdruck) {
    anweisung; // Code, der ausgeführt wird, solange die Liste durchlaufen wird
}
```

Für unser Beispiel benötigen wir als Erstes ein kleines Array mit einer Länge von 6. Darin soll eine Reihe aus fünf natürlichen Zahlen gespeichert werden. Der verwendete Datentyp ist *int*. Die Syntax dafür lautet:

```
int array [] = new int [6];
```

Die *for-each*-Schleife kann nur lesend verwendet werden, daher müssen wir beim „Befüllen“ des Arrays auf eine normale *for*-Schleife zurückgreifen:

```
for (int i=0; i < array.length; i++){
        array[i] = (i+1) * 5;
```

Durch den Code ergeben sich für unser Array die folgenden Indexpositionen:

Index 0 = 5
Index 1 = 10
Index 2 = 15
Index 3 = 20
Index 4 = 25
Index 5 = 30

Um diese auszugeben, greifen wir mit einer *for-each*-Schleife darauf zu:

```
for (int i : array){
   System.out.println(i);
}
```

Der komplette Code sieht schließlich so aus:

```
public class ForEachSchleife {
   public static void main(String[ ] args){
    int array [ ] = new int [6]; // Deklarierung des Arrays mit
    einer Länge von 6
    for (int i=0; i < array.length; i++){
        array[i] = (i+1) * 5; // Initialisierung („Befüllen“) des
       Arrays über eine for-Schleife
    }
  for (int i : array){
```

System.out.println(i); // Auslesen des Arrays über eine for-each-Schleife
}

}
}

```
ForEachSchleife.java ×
package Package1;

public class ForEachSchleife {
    public static void main(String[] args){
   int array [] = new int [6]; // Deklarierung des Arrays mit einer Länge von 6
   for (int i=0; i < array.length; i++){
           array[i] = (i+1) * 5; // Initialisierung („Befüllen") des Arrays über eine for-Schleife
     }
  for (int i : array){
  System.out.println(i); // Auslesen des Arrays über eine for-each-Schleife
  }
 }
 }
```

```
Problems  Javadoc  Declaration  Console ×
<terminated> ForEachSchleife [Java Application] C:\Program Files\Java\jdk-20\bin\javaw.exe (08.11.2023, 21:58:52 – 21:58:52) [pid: 15944]
5
10
15
20
25
30
```

Sie sehen also, dass bei einer *for-each*-Schleife im Gegensatz zu einer normalen *for*-Schleife kein Startwert, keine Abbruchbedingung und auch kein Inkrement bzw. Dekrement erforderlich sind.

Der Aufbau ändert sich auch dann nicht, wenn es sich bei dem zu durchlaufenden Array um einen Objekttyp handelt. Das nachfolgende Beispiel zeigt eine *for-each*-Schleife der Objektklasse *string*:

public class ForEachSchleife {
public static void main(String[ ] args){
String array [ ] = {„Montag", „Dienstag", „Mittwoch"}; ; // Deklarierung des String-Arrays
for (String wochentage : array){
System.out.println(wochentage);
}
}

```
}
```

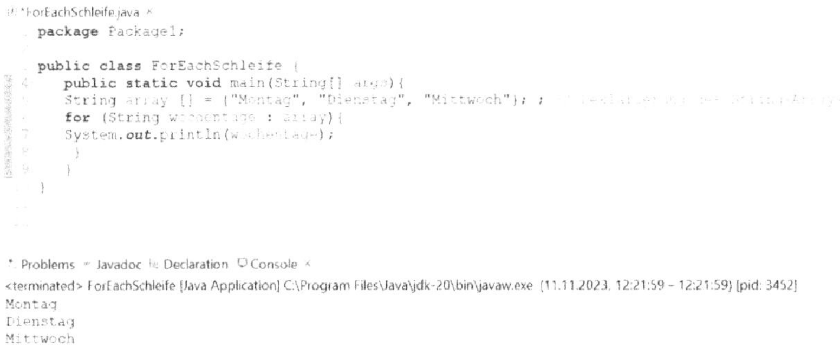

6.1.3. while-Schleifen

while-Schleifen führen einen Code-Block so lange aus, bis die in Klammern angegebene Bedingung den Wert *false* zurückliefert. Da die Abbruchbedingung vor dem Eintritt in den Schleifenkörper – also im Schleifenkopf – überprüft wird, gehört die *while*-Schleife genau wie die *for*-Schleife zu den kopfgesteuerten Schleifen.

Während in einer *for*-Schleife zur Definition der Abbruchbedingung üblicherweise eine Zählvariable verwendet wird, ist diese in der *while*-Schleife nicht zwingend erforderlich. Wird trotzdem eine Zählvariable verwendet, muss diese im Gegensatz zur *for*-Schleife vor der Deklaration der Schleife erzeugt und initialisiert werden. Das Inkrement oder Dekrement geschieht während oder nach der Ausführung der Schleifen-Anweisungen.

Auch hierzu wieder ein konkretes Beispiel: Wir deklarieren einen *zaehler*, der pro Schleifendurchlauf um 1 erhöht wird, bis der *zaehler* dem Wert 10 entspricht. Ist der Wert 11 erreicht, soll die Schleife abgebrochen werden.

```
public class ForWhileSchleife {
        public static void main(String[ ] args) {
```

```
        int zaehler = 0;
        while (zaehler <= 10) {
                System.out.println(„Der Zaehler steht
                bei: „ +zaehler);
                zaehler++;
        }
    }
}
```

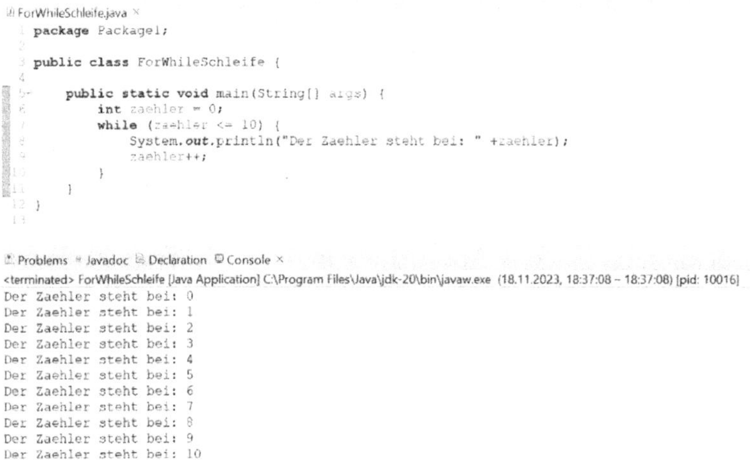

ForWhileSchleife.java

```
package Package1;

public class ForWhileSchleife {

    public static void main(String[] args) {
        int zaehler = 0;
        while (zaehler <= 10) {
            System.out.println("Der Zaehler steht bei: " +zaehler);
            zaehler++;
        }
    }
}
```

Problems Javadoc Declaration Console

<terminated> ForWhileSchleife [Java Application] C:\Program Files\Java\jdk-20\bin\javaw.exe (18.11.2023, 18:37:08 – 18:37:08) [pid: 10016]

```
Der Zaehler steht bei: 0
Der Zaehler steht bei: 1
Der Zaehler steht bei: 2
Der Zaehler steht bei: 3
Der Zaehler steht bei: 4
Der Zaehler steht bei: 5
Der Zaehler steht bei: 6
Der Zaehler steht bei: 7
Der Zaehler steht bei: 8
Der Zaehler steht bei: 9
Der Zaehler steht bei: 10
```

while-Schleifen lassen sich bei Bedarf auch beliebig verschachteln, z. B. indem Sie innerhalb des Schleifenkörpers einer *while*-Schleife eine weitere *while*-Schleife platzieren. In diesem Fall wird zuerst die Bedingung der äußeren Schleife geprüft. Liefert diese den Wert *true* zurück, erfolgt die Prüfung der inneren Schleife, die so lange weiterläuft, bis die Bedingung nicht mehr erfüllt ist. Anschließend springt das Programm zurück in die äußere Schleife und führt – sofern vorhanden – den Code unterhalb der inneren Schleife aus.

```
public class WhileSchleifenVerschachteln {
    public static void main(String[ ] args) {
        int zaehler = 0;
        while (zaehler <= 7) {
```

System.out.println(„Der Zaehler steht bei: „ +zaehler);
zaehler++;
int zweitzaehler = 0;
while (zweitzaehler <= 3) {
System.out.println(„Der Zweit-Zaehler steht bei: „ +zweitzaehler);
zweitzaehler++;
}
}
}
}

WhileSchleifenVerschachteln.java

```
package Package1;

public class WhileSchleifenVerschachteln {
    public static void main(String[] args) {
        int zaehler = 0;
        while (zaehler <= 7) {
            System.out.println("Der Zaehler steht bei: " +zaehler);
            zaehler++;
            int zweitzaehler = 0;
            while (zweitzaehler <= 3) {
            System.out.println("Der Zweit-Zaehler steht bei: " +zweitzaehler);
            zweitzaehler++;
            }
        }
    }
}
```

Problems Javadoc Declaration Console

<terminated> WhileSchleifenVerschachteln [Java Application] C:\Program Files\Java\jdk-20\bin\javaw.exe (18.11.2023, 20:22:44 – 20:22:44) [pid: 12176]

```
Der Zaehler steht bei: 1
Der Zweit-Zaehler steht bei: 0
Der Zweit-Zaehler steht bei: 1
Der Zweit-Zaehler steht bei: 2
Der Zweit-Zaehler steht bei: 3
Der Zaehler steht bei: 2
Der Zweit-Zaehler steht bei: 0
Der Zweit-Zaehler steht bei: 1
Der Zweit-Zaehler steht bei: 2
Der Zweit-Zaehler steht bei: 3
Der Zaehler steht bei: 3
Der Zweit-Zaehler steht bei: 0
Der Zweit-Zaehler steht bei: 1
Der Zweit-Zaehler steht bei: 2
Der Zweit-Zaehler steht bei: 3
Der Zaehler steht bei: 4
Der Zweit-Zaehler steht bei: 0
Der Zweit-Zaehler steht bei: 1
Der Zweit-Zaehler steht bei: 2
Der Zweit-Zaehler steht bei: 3
Der Zaehler steht bei: 5
Der Zweit-Zaehler steht bei: 0
Der Zweit-Zaehler steht bei: 1
Der Zweit-Zaehler steht bei: 2
Der Zweit-Zaehler steht bei: 3
Der Zaehler steht bei: 6
Der Zweit-Zaehler steht bei: 0
Der Zweit-Zaehler steht bei: 1
Der Zweit-Zaehler steht bei: 2
Der Zweit-Zaehler steht bei: 3
Der Zaehler steht bei: 7
Der Zweit-Zaehler steht bei: 0
Der Zweit-Zaehler steht bei: 1
Der Zweit-Zaehler steht bei: 2
Der Zweit-Zaehler steht bei: 3
```

Die *int*-Variable *zaehler* wird außerhalb der Schleife(n) mit dem Wert 0 initialisiert und anschließend der *zweitzaehler* innerhalb der äußeren Schleife. Dafür gibt es zwei Möglichkeiten:

- Entweder deklarieren Sie *zweitzaehler* außerhalb der Schleife und weisen der Variable keinen Wert zu oder
- Sie setzen – wie in unserem Beispielcode – den Wert der Variable *zweitzaehler* nach jedem Schleifendurchlauf auf 0 zurück, damit die innere Schleife ausgeführt werden kann.

Der Ablauf sieht dann so aus: Als Erstes wird überprüft, ob der Wert der Variable *zaehler* kleiner oder gleich 7 ist. Ist das der Fall, erfolgt eine Ausgabe auf der Konsole und *zaehler* wird um 1 erhöht. Gleichzeitig wird der Variable *zweitzaehler* der Wert 0 zugewiesen.

```
int zaehler = 0;
while (zaehler <= 7) {
        System.out.println(„Der Zaehler steht bei: „ +zaehler);
        zaehler++;
        int zweitzaehler = 0;
```

Nun folgt der Aufruf der zweiten Schleife und die Überprüfung des Wertes von *zweitzaehler*. Ist dieser kleiner oder gleich 3, wird er ausgegeben und die Variable um 1 erhöht. Erreicht *zweitzaehler* den Wert 4, ist die Bedingung der inneren *while*-Schleife nicht mehr erfüllt und das Programm springt zurück in die äußere Schleife. Deren Anweisungen werden dann wieder von oben nach unten abgearbeitet. Da *zweitzaehler* nun wieder den Wert 0 hat, wird auch die innere Schleife erneut durchlaufen.

```
while (zweitzaehler <= 3) {
        System.out.println(„Der Zweit-Zaehler steht bei: „
        +zweitzaehler);
        zweitzaehler++;
```

6.1.4. do-while-Schleifen

Das Gegenstück zu den kopfgesteuerten Schleifen ist die fußgesteuerte *do-while-Schleife*, bei der die Bedingung erst zum Schluss überprüft und die Anweisung somit mindestens einmal ausgeführt wird. Wichtig: Hinter die Bedingung muss ein Semikolon gesetzt werden!

```
public class DoWhileSchleife {
        public static void main(String[ ] args) {
                int zaehler = 0;
                do {
                        System.out.println(„Der Zaehler steht
                        bei: „ +zaehler);
                        zaehler++;
                } while (zaehler <= 10); // Hier das Semikolon
                nicht vergessen!
        }
}
```

DoWhileSchleife.java ×

```
package Package1;

public class DoWhileSchleife {
    public static void main(String[] args) {
        int zaehler = 0;
        do {
            System.out.println("Der Zaehler steht bei: " +zaehler);
            zaehler++;
        } while (zaehler <= 10); // Hier das Semikolon nicht vergessen!
    }
}
```

Problems Javadoc Declaration Console ×

<terminated> DoWhileSchleife [Java Application] C:\Program Files\Java\jdk-20\bin\javaw.exe (18.11.2023, 19:52:42 – 19:52:42) [pid: 18644]

```
Der Zaehler steht bei: 0
Der Zaehler steht bei: 1
Der Zaehler steht bei: 2
Der Zaehler steht bei: 3
Der Zaehler steht bei: 4
Der Zaehler steht bei: 5
Der Zaehler steht bei: 6
Der Zaehler steht bei: 7
Der Zaehler steht bei: 8
Der Zaehler steht bei: 9
Der Zaehler steht bei: 10
```

do-while-Schleifen erweisen sich beispielsweise beim zeilenweisen Einlesen von großen Dateien als sehr hilfreich. Wie das funktioniert, sehen wir uns in Kapitel 9.2. noch im Detail an.

6.1.5. Endlosschleifen

Bei Endlosschleifen handelt es sich um Schleifen, die kontinuierlich ausgeführt werden, solange eine bestimmte Bedingung erfüllt ist. Sie gelangen nur zu einem Endpunkt, wenn sie bewusst unterbrochen werden.

Eine Schleife, in der die Bedingung dauerhaft erfüllt ist, kann Ihr Programm zum Absturz bringen. Es gibt aber auch Programmabläufe, in denen Endlosschleifen benötigt werden (z. B. Produkt-Demonstrationen oder Embedded Systems). Sie werden in der Regel mithilfe von *while*-Schleifen erzeugt, können aber auch durch *for*-Schleifen realisiert werden.

Im folgenden Beispiel wird die *while*-Schleife mit der Abbruchbedingung *true* definiert:

```
public class Endlosschleife {
        public static void main(String[ ] args) {
                while (true) {
                        System.out.println(„Diese Schleife laeuft
                        endlos.“);
        }
                }
}
```

Der Schleifenkörper wird also so lange ausgeführt, bis die Bedingung erfüllt ist. Da das durchgehend der Fall ist, ist das Ergebnis eine Endlosschleife, die so lange durchlaufen wird, bis das Programm manuell gestoppt wird.

6.1.6. Erweiterte Schleifensteuerung

Die Unterbrechung kann beispielsweise durch das Schlüsselwort *break* erfolgen, das innerhalb der Schleife notiert wird. Es bewirkt, dass die Programmausführung an der betreffenden Stelle beendet und direkt nach der Schleife fortgesetzt wird:

```
public class Endlosschleife {
   public static void main(String[ ] args) {
      while (true) {
                  System.out.println(„Diese Schleife läuft endlos.“);
                  break;
         }
      System.out.println(„Hinter der Schleife.“);
   }
}
```

```
Endlosschleife.java ×
package Package1;

public class Endlosschleife {
    public static void main(String[] args) {
        while (true) {
            System.out.println("Diese Schleife laeuft endlos.");
            break;
        }
        System.out.println("Hinter der Schleife.");
    }
}
```

```
Problems  Javadoc  Declaration  Console ×
<terminated> Endlosschleife [Java Application] C:\Program Files\Java\jdk-20\bin\javaw.exe (20.11.2023, 21:36:50 – 21:36:51) [pid: 6280]
Diese Schleife laeuft endlos.
Hinter der Schleife.
```

Der Befehl *continue* bewirkt im Gegensatz zu *break*, dass nur der aktuelle Schleifendurchlauf (nicht die vollständige Schleife!) an der betreffenden Stelle verlassen und der Programmablauf mit dem nächsten Schleifendurchlauf fortgesetzt wird.

Zur Veranschaulichung nutzen wir dieses Mal unsere *for*-Schleife aus Kapitel 6.1.1. und erweitern sie um eine *if*-Bedingung und den *continue*-Befehl:

```
public class ForSchleife {
  public static void main(String[ ] args){
  for(int i=0;i<10;i++){
          System.out.println(i);
          continue;
  }
System.out.println(„Hinter der Schleife.“);
}
}
```

```
ForSchleife.java ×
package Package1;

public class ForSchleife {
    public static void main(String[] args){
    for(int i=0;i<10;i++){
        System.out.println(i);
        continue;
    }
System.out.println("Hinter der Schleife.");
}
}
```

```
Problems  Javadoc  Declaration  Console ×
<terminated> ForSchleife [Java Application] C:\Program Files\Java\jdk-20\bin\javaw.exe (20.11.2023, 22:07:06 – 22:07:06) [pid: 21084]
0
1
2
3
4
5
6
7
8
9
Hinter der Schleife.
```

Info: Bei der Verwendung in geschachtelten Schleifen verhält sich *continue* analog zu *break*. Hierbei bezieht sich die Anweisung nur auf die notierende Schleife, übergeordnete Schleifen bleiben hingegen unberücksichtigt.

6.2. Bedingte Anweisungen

Mit bedingten Anweisungen können Entscheidungen innerhalb eines Programms getroffen und Codeblöcke basierend auf bestimmten Bedingungen ausgeführt werden. In Java lässt sich eine bedingte Anweisung mit *if* oder *switch* formulieren.

6.2.1. if & else if

Die *if*-Anweisung führt einen Codeblock aus, wenn eine bestimmte Bedingung wahr ist, und verwendet folgende Syntax:

```
if (bedingung) {
anweisung; // Code, der ausgeführt wird, wenn die Bedingung erfüllt ist
}
```

Der nachfolgende Code überprüft, ob die *int*-Variable *zahl* den Wert *4* besitzt. Ist die Aussage wahr, soll eine entsprechende Meldung auf dem Bildschirm ausgegeben werden:

```
public class IfAnweisung {
        public static void main(String[ ] args) {
                int zahl=4;
                if (zahl==4) {
                        System.out.println(„Die Zahl entspricht
                        dem Wert „ + zahl);
                }
        }
}
```

```
IfAnweisung.java ×
package Package1;

public class IfAnweisung {
    public static void main(String[] args) {
        int zahl=4;
        if (zahl==4) {
            System.out.println("Die Zahl entspricht dem Wert " + zahl);
        }
    }
}
```

```
Problems  Javadoc  Declaration  Console ×
<terminated> IfAnweisung [Java Application] C:\Program Files\Java\jdk-20\bin\javaw.exe (22.11.2023, 13:31:40 – 13:31:40) [pid: 19512]
Die Zahl entspricht dem Wert 4
```

Die Variable *zahl* wird also erst einmal auf Gleichheit zu einem bestimmten Wert geprüft. Da es sich in unserem Beispiel um einen *int*-Wert handelt, lässt sich die Prüfung mithilfe des Operators == durchführen. Bei einem *string* müssten Sie stattdessen auf die *equals*-Funktion zurückgreifen.

Sie können Bedingungen auch durch die Operatoren *UND* (*&&*) bzw. *ODER* (||) verknüpfen. In diesem Beispiel mit *UND*-Verknüpfung müssen beide Bedingungen *true* zurückgeben, damit der Codeblock ausgeführt wird:

```
public class IfAnweisung {
        public static void main(String[ ] args) {
                int zahl1=4;
                int zahl2=5;
                if (zahl1==4 && zahl2==5) {
                        System.out.println(„Die Zahlen entsprechen den Werten „ + zahl1 + „ und „ + zahl2);
                }
        }
}
```

```
IfAnweisung.java ×
package Package1;

public class IfAnweisung {
    public static void main(String[] args) {
        int zahl1=4;
        int zahl2=5;
        if (zahl1==4 && zahl2==5) {
            System.out.println("Die Zahlen entsprechen den Werten " + zahl1 + " und " + zahl2);
        }
    }
}
```

```
Problems  Javadoc  Declaration  Console ×
<terminated> IfAnweisung [Java Application] C:\Program Files\Java\jdk-20\bin\javaw.exe (22.11.2023, 13:35:30 – 13:35:30) [pid: 18924]
Die Zahlen entsprechen den Werten 4 und 5
```

Bei einer ODER-Verknüpfung reicht es hingegen aus, wenn nur eine der beiden Bedingungen wahr ist:

public class IfAnweisung {
public static void main(String[ ] args) {
int zahl1=4;
int zahl2=6;
if (zahl1==4 || zahl2==5) {
System.out.println(„Die Zahlen entsprechen den Werten „ + zahl1 + „ und „ + zahl2);
}
}
}

```
IfAnweisung.java ×
package Package1;

public class IfAnweisung {
    public static void main(String[] args) {
        int zahl1=4;
        int zahl2=6;
        if (zahl1==4 || zahl2==5) {
            System.out.println("Die Zahlen entsprechen den Werten " + zahl1 + " und " + zahl2);
        }
    }
}
```

```
Problems  Javadoc  Declaration  Console ×
<terminated> IfAnweisung [Java Application] C:\Program Files\Java\jdk-20\bin\javaw.exe (22.11.2023, 13:40:40 – 13:40:40) [pid: 10948]
Die Zahlen entsprechen den Werten 4 und 6
```

Nun kann es natürlich vorkommen, dass die *if*-Bedingung ein *false* zurückliefert, Sie aber trotzdem darauf reagieren möchten. Für diese Fälle gibt es das *if-else*-Konstrukt, bei dem Sie festlegen können, welche Befehle stattdessen ausgeführt werden sollen.

```
if (bedingung) {
anweisung; // Code, der ausgeführt wird, wenn die Bedingung erfüllt ist
} else {
anweisung; // Code, der ausgeführt werden soll, wenn die Bedingung nicht erfüllt ist
}
```

Über die Anweisung *else if* können Sie den Code bei Bedarf sogar noch weiter verzweigen:

```
if (bedingung1) {
anweisung; // Code, der ausgeführt wird, wenn bedingung1 erfüllt ist
} else if (bedingung2) {
anweisung; // Code, der ausgeführt werden soll, wenn bedingung2 erfüllt ist
} else {
anweisung; // Code, der ausgeführt werden soll, wenn keine der vorangegangenen Bedingungen erfüllt ist
}
```

Auch zusätzliche *if*-Anweisungen innerhalb des *else*-Zweiges sind möglich:

```
if (bedingung1) {
anweisung; // Code, der ausgeführt wird, wenn bedingung1 erfüllt ist
} else if (bedingung2) {
```

```
anweisung; // Code, der ausgeführt werden soll, wenn bedingung2 erfüllt ist
} else if (bedingung3) {
        if (bedingung4) {
                anweisung; // Code, der ausgeführt werden soll,
                wenn bedingung3 und bedingung4 erfüllt sind
        }
} else {
anweisung; // Code, der ausgeführt werden soll, wenn keine der vorangegangenen Bedingungen erfüllt ist
}
```

Sie können die *if*-Anweisungen aber auch ohne zusätzliche *else*-Bedingung verschachteln:

```
if (bedingung1) {
        if (bedingung2) {
                if (bedingung3) {
                        anweisung; // Code, der ausgeführt werden soll, wenn alle vorangegangenen
                        Bedingungen erfüllt sind
                }
        }
}
```

Damit lässt sich bereits der Basiscode für ein einfaches Zahlenrätsel realisieren:

```
public class VerschachtelteIfAnweisung {

        public static void main(String[ ] args) {
                int zahl=6;
                if (zahl > 1) {
                        if (zahl < 8) {
                                if (zahl==6) {
```

System.out.println(„Die Zahl ist „ + zahl);

}

System.out.println(„Die Zahl ist kleiner als 8.“);

}

System.out.println(„Die Zahl ist groesser als 1.“);

}

}

}

VerschachtelteIfAnweisung.java

```
package Package1;

public class VerschachtelteIfAnweisung {

    public static void main(String[] args) {
        int zahl=6;
        if (zahl > 1) {
            if (zahl < 8) {
                if (zahl==6) {
                    System.out.println("Die Zahl ist " + zahl);
                }
            System.out.println("Die Zahl ist kleiner als 8.");
            }
        System.out.println("Die Zahl ist groesser als 1.");
        }
    }
}
```

Problems Javadoc Declaration Console

<terminated> VerschachtelteIfAnweisung [Java Application] C:\Program Files\Java\jdk-20\bin\javaw.exe (22.11.2023, 14:37:04 – 14:37:04) [pid: 216]

```
Die Zahl ist 6
Die Zahl ist kleiner als 8.
Die Zahl ist groesser als 1.
```

VerschachtelteIfAnweisung.java

```
package Package1;

public class VerschachtelteIfAnweisung {

    public static void main(String[] args) {
        int zahl=7;
        if (zahl > 1) {
            if (zahl < 8) {
                if (zahl==6) {
                    System.out.println("Die Zahl ist " + zahl);
                }
            System.out.println("Die Zahl ist kleiner als 8.");
            }
        System.out.println("Die Zahl ist groesser als 1.");
        }
    }
}
```

Problems Javadoc Declaration Console

<terminated> VerschachtelteIfAnweisung [Java Application] C:\Program Files\Java\jdk-20\bin\javaw.exe (22.11.2023, 14:40:59 – 14:40:59) [pid: 17224]

```
Die Zahl ist kleiner als 8.
Die Zahl ist groesser als 1.
```

Wir werden die Anwendung in den nachfolgenden Lektionen noch etwas weiter ausbauen und um zusätzliche Funktionen wie einen User Input und eine Fehlerbehandlung erweitern.

6.2.2. switch & case

Eine weitere Möglichkeit, um den Code dynamisch zu steuern und Entscheidungen basierend auf Variablen-Werten zu treffen, sind *switch*-Anweisungen. Dabei werden innerhalb eines *switch*-Blocks mehrere Sprungziele mit *case* markiert.

Die Syntax einer *switch*-Anweisung:

```
switch (variable) {
  case wert1:
    anweisung; // Code, der ausgeführt wird, wenn variable ==
    wert1 ist
    break;
  case wert2:
    anweisung; // Code, der ausgeführt wird, wenn variable ==
    wert2 ist
    break;
  default:
     anweisung; // Code, der ausgeführt wird, wenn kein case
     zutrifft
}
```

Der geklammerte Ausdruck hinter dem *switch*-Befehl wird ausgewertet und anschließend mit den verschiedenen Fällen (*case*) abgeglichen. Wird eine Übereinstimmung festgestellt, führt das Programm die zugehörige Anweisung aus und verlässt den *case* direkt danach über den Befehl *break*. Stimmt keiner der Fälle mit dem Ausdruck überein, werden die Anweisungen nach *default* ausgeführt.

> **Info:** Boolesche Ausdrücke (z. B. zahl < 3) können in der *case*-Abfrage nicht überprüft werden.

Sehen wir uns die Funktionalität von *switch* wieder anhand eines einfachen Exempels an.

```
public static void main(String[] args) {
        int wochentag = 3;

        switch (wochentag) {
        case 1:
                System.out.println(„Heute ist Montag.“);
                break;
        case 2:
                System.out.println(„Heute ist Dienstag.“);
                break;
        case 3:
                System.out.println(„Heute ist Mittwoch.“);
                break;
        case 4:
                System.out.println(„Heute ist Donnerstag.“);
                break;
        case 5:
                System.out.println(„Heute ist Freitag.“);
                break;
        case 6:
                System.out.println(„Heute ist Samstag.“);
                break;
        case 7:
                System.out.println(„Heute ist Sonntag.“);
                break;
```

default:

System.out.println(„Heute ist ein Feiertag.“);

}

}

*Wochentage.java ×

```
package Package1;

public class Wochentage {

    public static void main(String[] args) {

        int wochentag = 3;

        switch (wochentag) {
        case 1:
            System.out.println("Heute ist Montag.");
            break;
        case 2:
            System.out.println("Heute ist Dienstag.");
            break;
        case  3:
            System.out.println("Heute ist Mittwoch.");
            break;
        case 4:
            System.out.println("Heute ist Donnerstag.");
            break;
        case 5:
            System.out.println("Heute ist Freitag.");
            break;
        case 6:
            System.out.println("Heute ist Samstag.");
            break;
        case 7:
            System.out.println("Heute ist Sonntag.");
            break;
        default:
            System.out.println("Heute ist ein Feiertag.");
        }
    }
}
```

Problems Javadoc Declaration Console ×

<terminated> Wochentage [Java Application] C:\Program Files\Java\jdk-20\bin\javaw.exe (22.11.2023, 18:44:58 – 18:44:58) [pid: 13672]

```
Heute ist Mittwoch.
```

Das Programm gibt lediglich den Text für den *case* aus, in dem es sich gerade befindet. In unserem Beispiel ist das der *case 3*, daher lautet die Ausgabe entsprechend *Heute ist Mittwoch.* Setzen wir die Variable *wochentag* stattdessen auf den Wert 8, stimmt keine der genannten Fälle überein. Die Ausgabe nach *default* lautet dann *Heute ist ein Feiertag.*

Wochentage.java ×

```java
package Package1;

public class Wochentage {

    public static void main(String[] args) {

        int wochentag = 8;

        switch (wochentag) {
        case 1:
            System.out.println("Heute ist Montag.");
            break;
        case 2:
            System.out.println("Heute ist Dienstag.");
            break;
        case  3:
            System.out.println("Heute ist Mittwoch.");
            break;
        case 4:
            System.out.println("Heute ist Donnerstag.");
            break;
        case 5:
            System.out.println("Heute ist Freitag.");
            break;
        case 6:
            System.out.println("Heute ist Samstag.");
            break;
        case 7:
            System.out.println("Heute ist Sonntag.");
            break;
        default:
            System.out.println("Heute ist ein Feiertag.");
        }
    }
}
```

Problems   Javadoc   Declaration   Console ×

```
<terminated> Wochentage [Java Application] C:\Program Files\Java\jdk-20\bin\javaw.exe (22.11.2023, 18:49:25 – 18:49:25) [pid: 16072]
Heute ist ein Feiertag.
```

Ein typisches Anwendungsbeispiel für *switch-case*-Anweisungen sind Java-Spiele, bei denen für die Eingabe bestimmte Tasten abgefragt und abhängig von der Eingabe weitere Aktionen ausgeführt werden sollen.

7. Objektorientierte Programmierung mit Java

Im Bereich der Softwareentwicklung gibt es verschiedene Programmier-Paradigmen. In der Anfangszeit setzte man vor allem auf die prozedurale Programmierung, bei der fortlaufend Funktionen – sogenannte Prozeduren – durchlaufen werden. Typische Beispiele für prozedurale Programmiersprachen sind Pascal, Basic und C.

Nach und nach kamen auch objektorientierte Sprachen wie Python, Swift und Java hinzu. Objektorientiert bedeutet, dass das Softwaredesign nicht auf Logik oder Funktionen basiert, sondern auf Objekten und Daten als deren Eigenschaften (Attribute). Betrachtet werden das komplexe System und das Zusammenspiel der darin kooperierenden Objekte. Auf diese Weise lässt sich die Komplexität eines Programms verringern, da bei der Entwicklung alle Objekte auch einzeln betrachtet werden können.

In diesem Kapitel befassen wir uns näher mit der Objektorientierung und sehen uns an, was das Konzept konkret für Java bedeutet.

7.1. Die Grundprinzipien der objektorientierten Programmierung

Die OOP basiert auf vier Grundsätzen, durch die sich eine Reihe von Vorteilen ergeben:

- **Vererbung:** Neue Klassen können als Erweiterung bereits existierender Klassen entwickelt werden und deren Eigenschaften und Funktionen übernehmen. Das schafft mehr Ordnung im Code und trägt zur Erhöhung der Softwarequalität und der Kostenreduktion bei, da bereits existierende Teile nicht noch einmal geschrieben werden müssen und neue Programme schneller erstellt werden können. Klassen mit identischer Thematik lassen sich in Form sogenannter Klassenbibliotheken als Sammlung organisieren, die im Quellcode einfach referenziert werden können.
- **Kapselung:** Alle wichtigen Informationen sind innerhalb eines Objektes enthalten und vor den Zugriffen von außen verborgen. Nur ausgewählte Daten werden offengelegt. Der direkte Zugriff auf die interne Datenstruktur erfolgt ausschließlich über definierte Schnittstellen. Durch die Kapselung steigt die Programmsicherheit, die Internetprotokolle sind geschützt und eine versehentliche Verfälschung von Daten wird verhindert.
- **Abstraktion:** Die Abstraktion beschränkt sich ausschließlich auf die wesentlichen Eigenschaften von Objekten, also nur diejenigen, die es aus konzeptioneller Sicht von anderen unterscheiden. Durch die Verwendung von abstrakten Klassen lassen sich Programme besser organisieren und insgesamt verständlicher halten.
- **Polymorphismus:** Der Begriff „polymorph" bezeichnet in der Softwareentwicklung die Fähigkeit, Variablen Objekte unterschiedlichen Typs zuzuwei-

sen. Die Variable selbst beschreibt damit lediglich eine Schnittstelle, die von verschiedenen Objekttypen durchlaufen werden kann. Der Aufruf der Variablen erfolgt somit abhängig vom betreffenden Objekt. Dadurch können sich einzelne Funktionen an die Klasse anpassen, in der sie enthalten sind, und der Programmierer kann innerhalb der Grenzen flexibel auf sich verändernde Anforderungen reagieren.

7.2. Modifikatoren

Modifikatoren sind Schlüsselworte, die die Zugriffe auf Klassen, Variablen, Methoden, Attribute etc. regeln und diese für bestimmte Zwecke kennzeichnen. Sie dürfen nicht als Bezeichner verwendet werden.

In Java unterscheidet man zwei Arten von Modifikatoren:

Zugriffsmodifikatoren legen die Zugänglichkeit für Klassen, Pakete, Attribute etc. fest.

Zugriffsmodifikator	Eigenschaften / Beschreibung
public	**Öffentlich sichtbar.** • Attribute mit dem Zugriffsmodifikator *public* dürfen von jedem anderen Objekt gelesen und überschrieben werden. • Methoden mit dem Zugriffsmodifikator *public* dürfen von jedem anderen Objekt aufgerufen werden. • Von Klassen mit dem Zugriffsmodifikator *public* dürfen in jedem anderen Objekt neue Objekte erzeugt werden. Außerdem können alle anderen Objekte auf die Klassenvariablen und -methoden zugreifen.

protected	**Geschützte Sichtbarkeit.** • Attribute oder Methoden mit dem Zugriffsmodifikator *protected* können nur von Objekten der eigenen Klasse oder ihrer Unterklassen aufgerufen und überschrieben werden.
private	**Private Sichtbarkeit.** • Attribute mit dem Zugriffsmodifikator *private* können nur von Objekten der eigenen Klasse gelesen und überschrieben werden. • Methoden mit dem Zugriffsmodifikator *private* können nur von Objekten der eigenen Klasse aufgerufen werden. Üblicherweise handelt es sich dabei um Hilfsmethoden zur internen Verwendung. • Von Klassen mit dem Zugriffsmodifikator *private* dürfen in jedem anderen Objekt neue Objekte erzeugt werden. Außerdem können alle anderen Objekte auf die Klassenvariablen und -methoden zugreifen.
default	**Kein Zugriffsmodifikator.** • Auf Attribute und Methoden mit dem Zugriffsmodifikator *default* darf von überall im eigenen Programmpaket zugegriffen werden.

Nicht-Zugriffsmodifikatoren werden verwendet, um Eigenschaften wie die Vererbung oder den Polymorphismus zu definieren.

Nicht-Zugriffsmodifikator	Eigenschaften / Beschreibung
final	Der Modifikator *final* kann für Attribute, Methoden und Klassen eingesetzt werden: • Attribute, die mit dem Schlüsselwort *final* erstellt werden, sind unveränderbare Konstanten. • Methoden, die mit dem Schlüsselwort *final* versehen sind, können bei einer Vererbung nicht überschrieben werden. • Wird eine Klasse mit *final* deklariert, steht sie am Ende der Vererbungshierarchie und es können keine weiteren Subklassen von ihr abgeleitet werden.
abstract	Das Schlüsselwort *abstract* kennzeichnet Methoden, Klassen oder Interfaces, die (noch) nicht vollständig implementiert worden sind. • Ist eine Methode oder ein Interface mit dem Modifikator *abstract* versehen, so muss die implementierende Klasse ebenfalls als *abstract* deklariert werden. • Wenn eine Klasse mit *abstract* gekennzeichnet wird, so kann von ihr kein Objekt erzeugt werden. • Interfaces, die als *abstract* deklariert werden, können keine implementierten Methoden oder Attribute beinhalten.

<table>
<tr><td>static</td><td>Mit dem Schlüsselwort static werden Variablen und Methoden erstellt, die unabhängig von den für die Klasse erstellten Instanzen existieren.<ul><li>Statische Variablen werden auch als Klassenvariablen bezeichnet. Lokale Variablen können nicht als statisch deklariert werden.</li><li>Statische Methoden verwenden keine Instanzvariablen eines Objekts der Klasse, innerhalb derer sie definiert sind. Sie nehmen alle Daten aus den Parametern und erstellen daraus Berechnungen, ohne auf Variablen zu verweisen.</li></ul>Der Zugriff auf statische Variablen und Methoden erfolgt über den Klassennamen, gefolgt von einem Punkt und dem Namen der Variable bzw. Methode, z. B.

WeltKlasse.Variable
WeltKlasse.meineMethode()</td></tr>
<tr><td>synchronized</td><td>Der Modifikator synchronized kennzeichnet ausschließlich Methoden und sichert die Datenkonsistenz bei der Verwendung von Threads. Darauf kommen wir im Kapitel 7.4 Threads noch einmal genauer zurück.</td></tr>
</table>

transient	Attribute, die mit dem Modifikator *transient* gekennzeichnet sind, werden bei einer Serialisierung nicht berücksichtigt (z. B. nicht mit in eine Datei geschrieben).
volatile	Attribute, die mit dem Modifikator *volatile* gekennzeichnet sind, erlauben den gleichzeitigen Zugriff von zwei oder mehr Threads.

7.3. Klassen und Objekte

Klassen sind ein entscheidendes Element der Objektorientierten Programmierung (OOP). Sie dienen als Vorlagen, aus denen beliebig viele Objekte erzeugt werden können. In der Klasse werden die Attribute (Eigenschaften) und die Methoden (Operationen) eines Objekts deklariert. Auch unser kleines *Hallo Welt!*-Programm aus Kapitel 3 basiert auf einer Klasse.

Jedes Objekt entspricht einer Instanz der Klasse – also einer konkreten Umsetzung der Vorlage. Die Klasse beschreibt also, wie das Objekt aussehen soll. Der Vorgang zum Erzeugen eines Objekts wird als Instanziierung bezeichnet, die zum Objekt gehörenden Variablen heißen Instanzvariablen.

> **Info:** Die Unterscheidung zwischen Klasse und Objekt wird als Abstraktion bezeichnet.

7.3.1. Klassen erstellen

Sehen wir uns als Erstes den Aufbau einer einfachen Java-Klasse mit dem Namen *Kuh* an:

```
public class Kuh
{
    public String name;
    public byte alter;
    public float milchMenge;
}
```

Die Definition einer Klasse beginnt immer mit dem Schlüsselwort *class*. Die Deklaration der Variablen und Methoden wird innerhalb der geschweiften Klammern vorgenommen.

Unsere *Kuh*-Klasse enthält (noch) keine Methoden, sondern besteht nur aus den drei Variablen *name*, *alter* und *milchMenge*.

7.3.2. Objekte erzeugen

In Java werden Objekte mithilfe des Operators *new* gefolgt vom Namen des Konstruktors erzeugt. Ausgenommen davon sind lediglich *Strings* und *Arrays*, bei denen die Objekte direkt mithilfe von Literalen erzeugt werden können (z. B. *String s = „Hallo“;* oder *int[ ] a = {1, 2, 3};*). Wird kein expliziter Konstruktor angegeben, generiert Java automatisch einen parameterlosen Default-Konstruktor.

> **Info:** In einer Java-Klasse entspricht der Konstruktor einer Methode, deren Name mit dem der Java-Klasse identisch ist. Sie wird dazu verwendet, ein neues Objekt der jeweiligen Klasse zu erstellen, und ist daher obligatorisch.

Im ersten Schritt deklarieren Sie eine Variable vom Typ der Klasse – in unserem Fall also eine *Kuh* – und weisen dieser anschließend das erzeugte Objekt zu. Die beiden Schritte können entweder einzeln oder „in einem Rutsch" erfolgen:

Kuh kuhObjekt;
Kuh Objekt = new Kuh();

oder
Kuh kuhObjekt = new Kuh();

Bei der ersten Variante wird die Objektvariable als Referenz gespeichert, die untere Deklaration weist der Objektvariablen eine Instanz der Klasse *Kuh* zu, die mithilfe des *new*-Operators erzeugt wird.

Unsere neu erschaffene Kuh besitzt drei Eigenschaften (*name*, *alter*, *milchMenge*), denen direkt nach der Initialisierung der Standardwert des jeweiligen Datentyps zugewiesen wird. In diesem Fall also *null*, *0*, *0.0*.

Nun können wir den Instanzvariablen Werte (Attribute) zuweisen. Der Zugriff erfolgt dabei mittels Punktnotation:

kuhObjekt.name = „Berta";
kuhObjekt.alter = 5;
kuhObjekt.milchMenge = 10.78;

Die Variablen-Inhalte sollen anschließend auf der Kommandozeile ausgegeben werden:

System.out.println(„\nName : „ + kuhObjekt.name);
System.out.println(„\nAlter : „ + kuhObjekt.alter + „ Jahre");
System.out.println(„\nMilchmenge : „ + kuhObjekt.milchMenge + „ Liter");

Und hier noch einmal der komplette Code zum Ausprobieren:

```
public class Kuh{

        // Deklaration der Instanzvariablen

        public String name;
        public byte alter;
        public float milchMenge;
        public static void main(String[ ] args) {

        // Deklaration und Initialisierung der Objektvariable
        kuhObjekt

                Kuh kuhObjekt = new Kuh();
        // Zuweisung der Werte
        kuhObjekt.name = „Berta“;
        kuhObjekt.alter = 5;
        kuhObjekt.milchMenge = 10.78f;

        // Ausgabe der Variablen-Inhalte
        System.out.println(„\nName : „ + kuhObjekt.name);
        System.out.println(„\nAlter : „ + kuhObjekt.alter + „Jahre“);
        System.out.println(„\nMilchmenge : „ + kuhObjekt.milchMenge + „ Liter“);

        }
        }
```

Die Konsole zeigt das gewünschte Ergebnis an:

Kuh.java

```java
public class Kuh{

        public String name;
        public byte alter;
        public float milchMenge;
        public static void main(String[] args) {

            Kuh kuhObjekt = new Kuh();

        kuhObjekt.name = "Berta";
        kuhObjekt.alter = 5;
        kuhObjekt.milchMenge = 10.78f;

      System.out.println("\nName : " + kuhObjekt.name);
      System.out.println("\nAlter : " + kuhObjekt.alter + " Jahre");
      System.out.println("\nMilchmenge : " + kuhObjekt.milchMenge + " Liter");

        }
      }
```

Problems Javadoc Declaration Console

```
<terminated> Kuh [Java Application] C:\Program Files\Java\jdk-20\bin\javaw.exe (10.08.2023, 22:46:58 – 22:46:58) [pid: 15896]

Name : Berta

Alter : 5 Jahre

Milchmenge : 10.78 Liter
```

7.3.3. Objekte zerstören

Ein Java-Objekt existiert genau so lange, wie eine Referenzvariable darauf zeigt. Wird der Zeiger gelöscht oder endet die Erreichbarkeit (z. B. bei Methoden-Variablen außerhalb der Methode), „stirbt" automatisch auch das Objekt und wird vom *Garbage Collector* entsorgt.

Die Garbage Collection von Java ist ein automatisierter Prozess zum Löschen von nicht mehr verwendetem oder benötigtem Code. Er gibt automatisch Speicherplatz frei und kann den Developern damit das Codieren der Java-Apps erleichtern, da sie sich nicht um die manuelle Freigabe von Objekten kümmern müssen. Außerdem stellt Java sicher, dass diese Prozesse möglichst effizient ablaufen. In einem Programm können mehrere Referenzvariablen auf dasselbe Objekt verweisen, die alle entfernt werden müssen, bevor das Objekt vom Garbage Collector zerstört werden kann.

Eine Objektreferenz lässt sich auf mehrere Arten entfernen:

- Durch Nullierung

```
Kuh kuhObjekt = new Kuh();
kuhObjekt = null;
```

- Durch Zuweisung einer Referenz zu einer anderen

```
Kuh kuhObjekt1 = new Kuh();
Kuh kuhObjekt2 = new Kuh();
kuhObjekt1 = kuhObjekt2;
```

Damit ist das *kuhObjekt1* referenzierte Objekt für die Garbage Collection verfügbar.

- Durch ein anonymes Objekt

```
new Kuh();
```

Der Garbage Collector wird in regelmäßigen Abständen im Hintergrund ausgeführt, was bedeutet, dass der Zeitpunkt der Garbage Collection für den Entwickler in der Regel nicht vorhersehbar ist. Es kann aber durchaus erforderlich sein, vor dem Zerstören des Objekts noch bestimmte Aktionen auszuführen, z. B. bestimmte Systemressourcen freizugeben oder anderweitige Bereinigungsaufgaben vorzunehmen. Dafür müssen die Anweisungen in der Objektklasse innerhalb der *finalize()*-Methode angegeben werden.

Darüber hinaus sammelt der JVM-Garbage-Collector nur Objekte, die mit dem Schlüsselwort *new* erstellt wurden. Wenn Sie ein oder mehrere Objekte ohne *new* erstellt haben, können Sie diese ebenfalls mithilfe der *finalize()*-Methode bereinigen.

> **Info:** Bei der *finalize()*-Methode handelt es sich um einen sogenannten Destruktor, also das genaue Gegenteil eines Konstruktors. Während Konstruktoren Objekte in einen definierten Ausgangszustand bringen und die dafür benötigten Ressourcen reservieren, sind Destruktoren dafür verantwortlich, sie zu zerstören.

Die *finalize()*-Methode ist parameterlos und wird kurz vor der Zerstörung des Objekts durch den Garbage Collector ausgeführt:

```
protected void finalize()
{
  Anweisungsteil;
}
```

Der Aufruf des Garbage Collectors selbst erfolgt über die *gc()*-Methode, die in den *System*- und *Runtime*-Klassen implementiert ist und die *finalize()*-Methode aufruft, bevor ein Objekt bereinigt wird. Es gibt allerdings keine Garantie dafür, dass der Garbage Collector durch den Aufruf der *gc()*-Methode definitiv ausgeführt wird.

```
public static void gc(){}
```

Sehen wir uns den Garbage Collector am besten einmal in Aktion an. Im folgenden Beispielprogramm legen wir zwei Instanzen der Klasse *Kuh* an und nullieren diese. Anschließend aktivieren wir den Garbage Collector durch Aufrufen der Systemmethode *System.gc()* in der *main*-Methode der Klasse *ObjekteBereinigen*. Der Garbage Collector arbeitet selbständig und gibt den nicht mehr benötigten Speicherplatz wieder frei:

```
public class ObjekteBereinigen{
 public void finalize(){System.out.println(„Das Objekt wurde bereinigt“);}
 public static void main(String args[ ]){
 Kuh kuhObjekt1 = new Kuh();
  Kuh kuhObjekt2 = new Kuh();
  kuhObjekt1=null;
  kuhObjekt2=null;
  System.gc();
 }
}
```

```
*ObjekteBereinigen.java ×
package Package1;

public class ObjekteBereinigen{
      protected void finalize(){
          System.out.println("Das Objekt wurde bereinigt");
      }
      public static void main(String args[]){
       Kuh kuhObjekt1 = new Kuh();
       Kuh kuhObjekt2 = new Kuh();
       kuhObjekt1=null;
       kuhObjekt2=null;
       System.gc();
      }
}
```

```
Problems  Javadoc  Declaration  Console ×
<terminated> ObjekteBereinigen [Java Application] C:\Program Files\Java\jdk-20\bin\javaw.exe (06.11.2023, 20:26:20 – 20:26:21) [pid: 8072]
Das Objekt wurde bereinigt
Das Objekt wurde bereinigt
```

7.4. Methoden

Wie Sie inzwischen wissen, entspricht die Klasse *Kuh* einem Bauplan für eine Kuh und unsere Berta einem konkreten Objekt. Instanzvariablen beschreiben die Eigenschaften, die sie ausmachen. Aber so eine Kuh „kann“ ja auch Dinge: sie frisst, sie muht, sie läuft, sie schläft etc. Alle diese Tätigkeiten lassen sich mithilfe von Methoden abbilden.

In Java gibt es verschiedene Arten von Methoden, die sich anhand ihrer Verwendung und ihres Verhaltens unterscheiden und von denen Sie bereits einige in den vorangegangenen Kapiteln kennengelernt haben.

Eine Methode setzt sich immer aus vier Bausteinen zusammen:

1. Rückgabedatentyp. Wird von der Methode kein Rückgabedatentyp erwartet, muss sie mit dem Schlüsselwort *void* gekennzeichnet werden, z. B. *void zunahme().*
2. Methoden-Name
3. Parameterliste
4. Methoden-Rumpf

7.4.1. Instanzmethoden

Instanzmethoden sind an ein bestimmtes Objekt innerhalb einer Klasse gebunden und arbeiten auf den Zuständen und Attributen des Objekts. Sie beschreiben also die Interaktionen ihrer Objekte. Um auf eine Instanzmethode zuzugreifen, muss somit ein Objekt der betreffenden Klasse erstellt werden.

Nehmen wir als Beispiel wieder unsere Kuh. Handelt es sich um ein Kälbchen, wird dieses im Laufe der Zeit noch wachsen und an Gewicht zulegen. Daher implementieren wir als erste Instanzvariable

gewicht.

```
public class Kuh {
int gewicht = 105; // Gewicht in kg
public static void main(String[ ] args) {
}
}
```

Nun erweitern wir die Klasse um die Instanzmethode *zunahme()*. Die Methode liefert keinen Wert zurück, daher muss das Schlüsselwort *void* vor den Methodennamen geschrieben werden:

```
public class Kuh {
int gewicht = 105; // Gewicht in kg
public static void main(String[ ] args) {
}
void zunahme() {
}
}
```

Die beiden Klammern hinter dem Methodennamen dienen zur Parameterübergabe. Dazu später noch mehr. Der Bereich zwischen der ersten geschweiften Klammer (hinter der Parameterliste) und der letzten ist der Methodenrumpf.

> **Tipp:** Sie können der Instanzmethode auch eine lokale Variable als Parameter übergeben. Diese kann dann aber nur innerhalb der Instanzmethode genutzt werden.

Nun lassen wir unsere Kuh wachsen, respektive an Gewicht zulegen:

```
public class Kuh {
int gewicht = 105; // Gewicht in kg
public static void main(String[ ] args) {
}

void zunahme() {
gewicht = gewicht + 25; // Der Wert der Instanzvariable wird
um 25 erhöht
return gewicht;
}
}
```

Mithilfe des Schlüsselwortes *return* wird die aktuell bearbeitete Methode beendet und der Rückgabewert an den Aufrufer übergeben. Nach der *return*-Anweisung dürfen keine weiteren Anweisungen mehr folgen.

> **Info:** Wird die *return*-Anweisung innerhalb einer *void*-Methode verwendet, darf sie keinen Ausdruck enthalten. Dieses Konstrukt wird beispielsweise für den vorzeitigen Abbruch von Methoden in *if*-Verzweigungen verwendet.

Als Nächstes übergeben wir die Methode in einen Parameter. Das geschieht über die bereits erwähnte Parameterliste hinter dem Methodennamen. Die Variable *zunahmerate* ersetzt die Zahl 25:

```
public class Kuh {
int gewicht = 105; // Gewicht in kg
public static void main(String[ ] args) {
}

void zunahme(int zunahmerate) {
gewicht = gewicht + zunahmerate; // Der Wert der Instanzvariable wird durch die Methode zunahme() um den Wert der Variablen zunahmerate erhöht
return gewicht;
}
}
```

Durch die Verwendung von Parametern wird das Programm insgesamt flexibler, da auch andere Werte für *zunahmerate* eingelesen und verarbeitet werden können. Um die Gewichtszunahmc unserer Kuh zu visualisieren, bauen wir noch zwei Ausgaben für das Gewicht vor und nach dem Ausführen der Methode *zunahme()* ein.

```
System.out.println(„\nGewicht vorher: „ + gewicht);
zunahme(25);
System.out.println(„\nGewicht nachher: „ + gewicht); // Aufruf der Methode zunahme und Übergabe des Parameters 25
```

Der komplette Code sieht nun so aus:

```
public class Kuh {
int gewicht = 105; // Gewicht in kg
public static void main(String[ ] args) {
System.out.println(„\nGewicht vorher: „ + gewicht);
zunahme(25);
System.out.println(„\nGewicht nachher: „ + gewicht); // Aufruf der Methode zunahme und Übergabe des Parameters 25
}
void zunahme(int zunahmerate) {
gewicht = gewicht + zunahmerate; // Der Wert der Instanzvariable wird durch die Methode zunahme() um den Wert der Variablen zunahmerate erhöht
return gewicht;
}
}
```

Beim Aufruf des Programms erhalten wir jedoch eine Fehlermeldung:

Exception in thread „main" java.lang.Error: Unresolved compilation problems:

> Cannot make a static reference to the non-static field gewicht
>
> Cannot make a static reference to the non-static method zunahme(int) from the type Kuh

Cannot make a static reference to the non-static field gewicht

at Package1.Kuh.main(Kuh.java:6)

Die Fehlermeldung besagt, dass wir in unserem Programm versuchen, eine statische Referenz auf eine nicht-statische Variable bzw. eine nicht-statische Methode anzulegen.

Grund hierfür ist die *main*-Methode *public static void main(String[] args)*, die in jeder Klasse eines Java-Programms implementiert werden muss und zugleich eine öffentliche (*public*), eine statische (*static*) und eine Methode ohne Rückgabewert (*void*) ist. Der Fehler wird somit verursacht, weil wir versuchen, aus einer statischen Methode (*main*) auf die Instanzvariable *gewicht* bzw. die Instanzmethode *zunahme()* zuzugreifen.

7.4.2. Statische Methoden

Wir erinnern uns: Statische Methoden verwenden keine Instanzvariablen eines Klassen-Objekts, sondern erstellen alle Berechnungen auf Basis von Parametern. Sie existieren unabhängig von den Klassen-Instanzen und werden über das Schlüsselwort *static* deklariert. Der Aufruf erfolgt direkt über den Klassennamen.

Aufgrund ihrer Unabhängigkeit zur Objektinstanz haben statische Methoden keinen impliziten Zugriff auf die Instanzvariablen oder Instanzmethoden der betreffenden Klasse. Sie können nur direkt auf andere statische Variablen oder statische Methoden innerhalb der Klasse zugreifen.

Im konkreten Fall unserer Kuh Berta bedeutet dies, dass wir die in der obigen Fehlermeldung genannten Felder und Methoden ebenfalls als *static* deklarieren müssen:

```
package Package1;

public class Kuh {
static int gewicht = 105; // Gewicht in kg
public static void main(String[ ] args) {
System.out.println(„\nGewicht vorher: „ + gewicht);
zunahme(25);
System.out.println(„\nGewicht nachher: „ + gewicht); // Aufruf der Methode zunahme und Übergabe des Parameters 25
}
static int zunahme(int zunahmerate) {
gewicht = gewicht + zunahmerate; // Der Wert der Instanzvariable wird durch die Methode zunahme() um den Wert der Variablen zunahmerate erhöht
return gewicht;
}
}
```

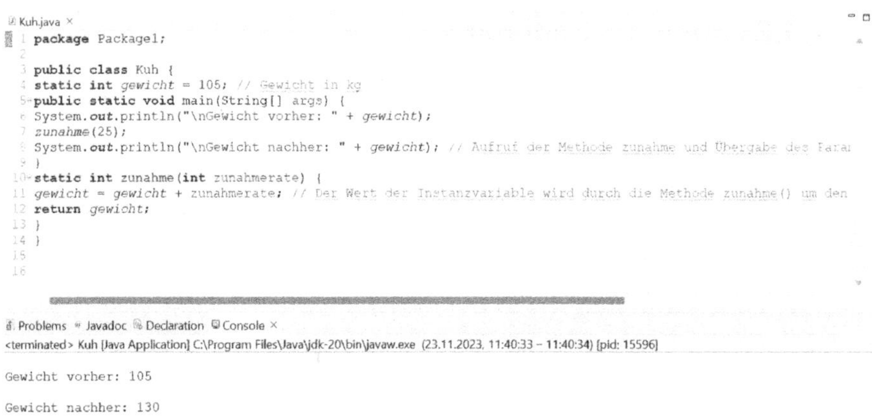

7.4.3. Getter- und Setter-Methoden

Getter- und Setter-Methoden werden verwendet, um den Wert privater Attribute abzurufen und festzulegen. Damit können Sie auch klassenübergreifend auf Konstruktoren, Variablen und Methoden zugreifen, die als *private* deklariert sind.

- Der **Getter** ist die Methode, die den Wert eines Attributs ausgeben kann. Die Angabe eines Zugriffsmodifikators ist nicht zwingend erforderlich. Wird kein Zugriffsmodifikator angegeben, nutzt Java automatisch *public*, allerdings nur innerhalb des verwendeten Pakets.
- Mit dem **Setter** können Sie Attribute ändern oder ihnen neue Werte zuteilen. Die Angabe eines Zugriffsmodifikators ist auch hier nicht obligatorisch.

Wie das in der Praxis aussieht, sehen Sie hier:

```
public class KuhGetterSetter {
        private String Kuh1; // Erstellen des privaten String
        Kuh1
        public void setKuh (String Kuh2){ // Aufruf der Setter-
        Methode
                this.Kuh1 = Kuh2; // Änderung der Variable
                Kuh1 in Kuh2
        }
        public String get Kuh1(){ // Aufruf der Getter-Methode
                return Kuh1; // Zugriff auf die private Variable
                von außerhalb
        }
}
```

7.4.4. Abstrakte Methoden

Abstrakte Methoden sind in einer abstrakten Klasse oder einem abstrakten Interface deklariert, haben aber keine Implementierung, sondern legen lediglich die Signatur der Methode fest. Die Implementierung erfolgt stattdessen in abgeleiteten Klassen.

Das folgende Beispiel zeigt unsere Klasse *Kuh* mit einer normalen Methode und einer abstrakten Methode:

```
public abstract class Kuh
{
  String name;
  public Kuh()
  {
  }
  public void setName(String kName)
  {
    name = kName;
  }
  public abstract void milchMenge(int liter);
  public abstract void alter();
}
```

Während es sich bei *setName()* um eine normale (nicht-abstrakte) Methode handelt, sind *milchMenge()* und *alter()* als *abstract* deklariert. Der fehlende Rumpf dieser Methoden muss von der Klasse ergänzt werden, in welche die abstrakte Klasse eingebunden ist (in unserem Fall *Kuh*) und die die abstrakte Methode (hier *milchMenge()*) aufruft.

> **Info:** Enthält eine Klasse mindestens eine abstrakte Methode, muss sie ebenfalls als *abstract* deklariert werden.

Wenn Sie versuchen, in einer abstrakten Klasse ein Objekt anzulegen, passiert in Eclipse Folgendes:

```
Kuh.java ×
package Package1;

public abstract class Kuh{

        public static void main(String[] args) {

        Kuh kuhObjekt = new Kuh();

}
}
```

```
Problems  Javadoc  Declaration  Console ×
<terminated> Kuh [Java Application] C:\Program Files\Java\jdk-20\bin\javaw.exe (23.11.2023, 17:53:01 – 17:53:01) [pid: 20764]
Exception in thread "main" java.lang.Error: Unresolved compilation problem:
        Cannot instantiate the type Kuh

        at Package1.Kuh.main(Kuh.java:7)
```

Die *new()*-Operation zum Erzeugen eines neuen Objekts schlägt fehl. Aber wozu brauchen Sie überhaupt abstrakte Klassen, wenn Sie darin ohnehin keine Objekte anlegen können?

Abstrakte Methoden sind keine Baupläne für Objekte, sondern Baupläne für andere Klassen, daher machen sie nur im Zusammenhang mit Vererbung einen Sinn. Sie können nicht-abstrakte Unterklassen von abstrakten Klassen erzeugen und in diesen dann Objekte anlegen.

Abstrakte Klassen oder Methoden werden häufig dann eingesetzt, wenn von einer Elternklasse mehrere Kindklassen mit identischer Signatur, aber unterschiedlichen Methoden abgeleitet werden sollen.

Von einer abstrakten Elternklasse *Nutztier* könnten dann beispielsweise verschiedene Kindklassen wie *Kuh*, *Schaf*, *Pferd*, *Schwein* etc. abgeleitet werden, die alle über eine Methode *fressen()* verfügen. Die Implementierung dieser Methode kann aber bei jeder Kindklasse anders aussehen.

Da die Methoden-Signatur bei allen Kindklassen identisch ist, könnte eine andere Klasse namens *Fuetterung()* aber trotzdem die *fressen()*-Methode jeder Kindklasse aufrufen, ohne sich um die jeweilige Parameterliste kümmern zu müssen.

7.4.5. Rekursive Methoden

Unter rekursiven Methoden versteht man Methoden, die sich selbst aufrufen. Sie werden verwendet, um komplexe Aufgaben in kleinere Teilprobleme zu zerlegen, die gelöst und im Anschluss wieder zu einer Gesamtlösung vereint werden. Bei jedem rekursiven Aufruf wird eine neue Instanz der betreffenden Methode gestartet.

> **Info:** Ein essenzieller Bestandteil jeder rekursiven Methode ist die Abbruchbedingung. Fehlt sie, bleibt die Methode in der Rekursion gefangen.

Für die Lösung bestimmter Probleme durch einen Algorithmus stehen in Java zwei Vorgehensweisen für Wiederholungen zur Wahl:

- Beim **iterativen Ansatz** wird eine Aktion wiederholt mithilfe von Schleifen durchgeführt.
- Beim **rekursiven Ansatz** erfolgt die Wiederholung durch den (mehrmaligen) Selbstaufruf einer Methode.

Die rekursive Lösung ist in den meisten Fällen zwar kompakter und kürzer als die iterative Lösung, dafür beansprucht sie aber mehr Speicher und ist oftmals auch langsamer.

Ein typisches Beispiel, mit dem sich der iterative und der rekursive Ansatz gegenüberstellen lassen, ist die Fakultätsberechnung (z. B. 6! = 1 * 2 * 3 * 4 * 5 * 6).

Iterativ – also mit Schleifen – können Sie die Fakultät folgendermaßen bestimmen:

```
static int fakIterativ(int zahl) {
        int ergebnis = 1;
        for (int i = 1; i <= zahl; i++) {
                ergebnis = ergebnis * i;
        }
        return ergebnis;
    }
```

Im Vergleich dazu sieht die Lösung mit Rekursion so aus:

```
static int fakRekursiv(int zahl) {
        if (zahl <= 1)
                return 1;
        else
                return fakRekursiv(zahl - 1) * zahl;
    }
```

Für *zahl=6* lautet das Ergebnis in beiden Varianten 720.

7.5. Threads

In einem Java-Programm können mehrere Vorgänge gleichzeitig ausgeführt werden, das bedeutet, sie laufen parallel nebeneinanderher. Ein Thread symbolisiert den kleinsten ausführbaren Teil eines Programms. Threads können unabhängig voneinander laufen und ermöglichen dadurch eine Effizienzsteigerung, die sich insbesondere bei der Ausführung von Ein- und Ausgabe-Operationen, bei der Netzwerkkommunikation oder aufwendigen Berechnungen bemerkbar macht.

Da sie sich Ressourcen innerhalb des gleichen Prozesses teilen, sind sie außerdem in der Lage, Informationen auszutauschen. In Java werden Threads entweder durch die Klasse *Thread* oder die Schnittstelle *Runnable* realisiert. Den zum betreffenden Thread gehörenden ausführbaren Code stellt die parameterfreie Methode *run* zur Verfügung.

Möglichkeit 1: Erweitern der *Thread*-Klasse und Überschreiben der *run()*-Methode

```
public class ThreadKlasse extends Thread {
  public void run() {
    System.out.println("In diesem Code läuft ein Thread.");
  }
}
```

Der Thread kann ausgeführt werden, indem eine Instanz der Klasse erstellt und ihre *start()*-Methode aufgerufen wird:

```
public class ThreadKlasse extends Thread {
  public static void main(String[] args) {
    ThreadKlasse thread = new ThreadKlasse();
    thread.start();
      System.out.println("Dieser Code befindet sich außerhalb des
      Threads.");
  }
    public void run() {
      System.out.println("In diesem Code läuft ein Thread.");
  }
}
```

Möglichkeit 2: Implementierung des *Runnable*-Interface

```
public class ThreadKlasse implements Runnable {
  public void run() {
    System.out.println("In diesem Code läuft ein Thread.");
  }
}
```

Der Thread kann ausgeführt werden, indem eine Instanz der Klasse an den Konstruktor eines Objekts übergeben und anschließend die Methode *start()* des Threads aufgerufen wird:

```
public class ThreadKlasse implements Runnable {
  public static void main(String[ ] args) {
    ThreadKlasse obj = new ThreadKlasse ();
    Thread thread = new Thread(obj);
    thread.start();
      System.out.println(„Dieser Code befindet sich außerhalb des
Threads.“);
  }
  public void run() {
    System.out.println(„In diesem Code läuft ein Thread.“);
  }
}
```

Mithilfe von Threads können beispielsweise Animationen programmiert werden, in denen grafische Objekte parallel unterschiedliche Bewegungen ausführen sollen. Sie lassen sich aber auch verwenden, um Dialoganwendungen effizienter zu machen, indem rechenintensive Hintergrundprozesse gleichzeitig abgewickelt werden. Beachten Sie aber, dass jeder Thread nur ein einziges Mal gestartet werden kann.

> **Info:** Methoden, die mit dem Nicht-Zugriffsmodifikator *synchronized* deklariert sind, können nur von einem einzigen Thread zur gleichen Zeit aufgerufen werden.

8. Behandlung von Ausnahmen (Exceptions)

Während der Ausführung eines Programms können außergewöhnliche Bedingungen entstehen, die zu einem Fehlverhalten oder schlimmstenfalls sogar zum Absturz führen können. Ereignisse, die zu einem Laufzeitfehler führen, werden als Ausnahmen (*Exceptions*) bezeichnet. Dabei kann es sich unter anderem um Dateilesefehler, fehlerhafte Zugriffe auf Array-Indizes oder falsche Eingaben handeln.

Neuere Programmiersprachen wie Python oder Java erlauben die systematische Behandlung von Ausnahmen – also eine explizite Reaktion auf deren Eintreten. Im Java-Sprachgebrauch bezeichnet man diesen Vorgang als *Catching* (Abfangen). In Java sind *Exceptions* als normale Klassen realisiert, die instanziiert werden können und sich von der *Java.lang.Throwable*-Superklasse ableiten. Außerdem besteht die Möglichkeit, eigene *Exceptions* zu definieren.

Dabei unterscheidet man grundsätzlich zwei Arten:

Checked Exceptions (Unterklasse von *Exception*, nicht von *RuntimeException*) fangen Fehler ab, die im Routinebetrieb des Programms entstehen können (z. B. aufgrund einer falschen Eingabe). Sie müssen zwingen behandelt (*gecatcht*) oder weitergegeben werden, d. h. der Compiler fordert zur Übersetzungszeit eine Prüfung in Form eines *try-catch*-Mechanismus vom Programmierer ein.

Zu den **checked Exceptions** zählen unter anderem:

Exception-Name	**Beschreibung**
FileNotFoundException	Wird geworfen, wenn das Programm eine nicht vorhandene Datei öffnen möchte.
SQLException	Wird geworfen, wenn es Probleme im Zusammenhang mit SQL-Datenbanken gibt.
IOException	Wird geworfen, wenn es Probleme beim Lesen oder Schreiben von Dateien gibt.

Unchecked Exceptions (Unterklasse von *RuntimeException*) fangen Fehler ab, die auf Programmierfehler hindeuten (z. B. der Zugriff auf ein Array außerhalb der definierten Grenzen). Sie treten zur Laufzeit des Programms auf und müssen nicht zwingend behandelt oder weitergegeben werden, da der Compiler zur Übersetzungszeit keine Prüfung vornimmt.

Hierzu wieder einige Beispiele:

Exception-Name	**Beschreibung**
ArithmeticException	Wird geworfen, wenn eine Division durch null erfolgen soll.
ArrayIndexOutOfBoundsException	Wird geworfen, wenn ein Index-Wert außerhalb der definierten Array-Grenzen liegt.
ClassCastException	Wird beim Versuch einer ungültigen Typumwandlung geworfen.

Die Ausnahmebehandlung in Java erfolgt mithilfe der *try-catch*-Anweisung, deren Aufbau wie folgt aussieht:

```
try
{
  anweisung;
}
catch (ausnahme)
{
  anweisung;
}
```

Der *try*-Block setzt sich aus einer oder mehreren Anweisungen zusammen, bei deren Ausführung eine *ausnahme* auftreten kann. Ist das der Fall, wird eine *Exception* vom Typ *ExceptionTyp* erzeugt und die normale Programmausführung wird unterbrochen.

Tipp: Im Anhang finden Sie eine Liste mit den am häufigsten vorkommenden Java-*Exceptions*.

Nun springt das Programm zum ersten *catch*-Block, in dem Code für eine angemessene Reaktion auf die *Exception* untergebracht werden kann. Es können auch mehrere *catch*-Blöcke existieren, um verschiedene Arten von Ausnahmen abzufangen. Danach geht es mit der ersten Anweisung nach dem *catch*-Block normal weiter.

Optional können Sie auch noch einen *finally*-Block definieren, der unabhängig vom Ergebnis der *try-catch*-Anweisung ausgeführt wird. Er wird üblicherweise für programminterne Aufräumarbeiten oder die Freigabe von Ressourcen verwendet.

Eine klassische Ausnahme, die in der Programmierung häufiger vorkommt, ist die Division durch null. Die zu erwartende *Exception* ist in diesem Fall vom Typ *ArithmeticException*. Sie wird in den runden Klammern nach *catch* zusammen mit der Kennzeichnung *e* angegeben:

```
public class TryCatchAbfrage {
        public static void main(String[ ] args) {
                try {
                    int ergebnis = 10/0; // Ein Beispiel für eine
                    mögliche Ausnahme (Division durch null)
                    System.out.println(„Ergebnis: „ + ergebnis);
                } catch (ArithmeticException e) {
                    System.err.println(„Division durch null ist
nicht erlaubt.“);
                } finally {
                    // Optional für Aufräumarbeiten, Ressourcen-
                    freigabe usw.
                }
        }
}
```

TryCatchAbfrage.java ×

```
package Package1;

public class TryCatchAbfrage {

    public static void main(String[] args) {
        try {
            int ergebnis = 10/0; // Ein Beispiel für eine mögliche Ausnahme (Division durch Null)
            System.out.println("Ergebnis: " + ergebnis);
        } catch (ArithmeticException e) {
            System.err.println("Division durch Null ist nicht erlaubt.");
        } finally {
            // Optional für Aufräumarbeiten, Ressourcenfreigabe usw.
        }
    }
}
```

Problems Javadoc Declaration Console ×

```
<terminated> TryCatchAbfrage [Java Application] C:\Program Files\Java\jdk-20\bin\javaw.exe  (22.11.2023, 20:34:26 – 20:34:27) [pid: 9256]
Division durch Null ist nicht erlaubt.
```

8.1. Exception weitergeben

Anstelle einer *try-catch*-Anweisung können Sie eine *Exception* auch weitergeben. In diesem Fall müssen Sie die Methode, in der die *Exception* auftreten kann, entsprechend kennzeichnen. Dazu setzen Sie am Ende des Methodenkopfs das Schlüsselwort *throws*:

```
public void ausnahmeMethode() throws ArithmeticException {
anweisung;
}
```

Das Schlüsselwort *throws* macht dem Compiler und allen anderen Aufrufenden die potenziellen *Exceptions* bekannt. Tritt nun eine Ausnahme auf, wird zuerst nach einem umgebenden *try-catch*-Block gesucht, der den Fehler behandelt. Sollte keiner vorhanden sein, wird die Suche sukzessiv für alle anderen umgebenden Blöcke wiederholt.

Sollte auch diese Suche erfolglos verlaufen, wird der Fehler an den Aufrufer der Methode weitergereicht, wo erneut blockweise weitergesucht wird. Enthalten sämtliche aufrufenden Methoden inklusive der *main*-Methode keinen Code, mit dem die Ausnahme behandelt werden kann, bricht das Programm mit einer Fehlermeldung ab.

8.2. Eigene Exceptions definieren

Sollten Ihnen die bereits vorhandenen Java-Ausnahmen nicht ausreichen, haben Sie, wie oben erwähnt, auch die Möglichkeit, eigene *Exceptions* zu definieren. Das ist nicht so schwierig, wie es auf den ersten Blick erscheinen mag.

Erweitern Sie zunächst die Klasse *Exception*:

```
public class MeineAusnahme extends Exception{ }
```

Nun können Sie in dieser benutzerdefinierten *Exception*-Klasse ein Objekt auslösen. Dazu benötigen Sie eine Methode, die die *Exception* werfen kann. Der Auslöse-Mechanismus innerhalb dieser Methode wird mit dem Schlüsselwort *throw* und dem *new*-Operator für die Erzeugung eines neuen *MeineAusnahme*-Objekts eingeleitet:

```
public void ausnahmeMethode() throws MeineAusnahme {
throw new MeineAusnahme();
}
```

Da wir die Klasse *Exceptions* erweitern, gehört unsere benutzerdefinierte Ausnahme zur Gruppe der *checked Exceptions* und muss daher mit einem *try-catch*-Block umschlossen werden:

```
public class MeineAusnahme extends Exception{
    public void ausnahmeMethode() throws MeineAusnahme {
    throw new MeineAusnahme();
    }
}
public static void main(String[ ] args) {
    try {
    ausnahmeMethode();
    } catch (MeineAusnahme e) {
    System.err.println(„MeineAusnahme wurde ausgelöst!“);
            }
    }
}
```

> **Info:** Alternativ hätten Sie anstelle von *Exception* auch die *RuntimeException* oder eine ihrer Unterklassen erweitern können. Da es sich in diesem Fall um eine *unchecked Exception* handeln würde, wäre ein *Exception Handling* nicht zwingend erforderlich.

Sehen wir uns das Ganze wieder an einem praktischen Beispiel an. Dafür erstellen wir eine eigene Ausnahme *MeineAusnahme*, die von der Klasse *Exception* erbt und ausgelöst wird, wenn eine bestimmte Bedingung nicht erfüllt ist. *MeineAusnahme* besitzt einen Konstruktor, der wiederum eine Fehlermeldung enthält, welche als Parameter an die Superklasse *Exception* weitergeleitet wird:

```
public class MeineAusnahme extends Exception{
    public meineAusnahme(string Fehlermeldung) {
    super(Fehlermeldung); //Übergabe der Fehlermeldung an die
    Superklasse
    }
}
```

Im *main*-Teil unseres Codes führen wir eine Altersprüfung durch. Ist das Alter kleiner als 18, wird *MeineAusnahme* ausgelöst. Diese wird anschließend im *catch*-Block abgefangen und die zugehörige Fehlermeldung ausgegeben:

```
public class MeineAusnahmeBeispiel {
public static void main(String[ ] args) {

    try {
    int alter = 15
    if (alter < 18);
    { throw new MeineAusnahme(„Du bist zu jung, um Alkohol
    zu trinken!“)
    } else {
        System.out.println(„Du bist alt genug.“);
    }
        } catch (MeineAusnahme e) {
    System.err.println(„MeineAusnahme wurde ausgelöst!“);
        }
    }
}
```

9. Dateien lesen und schreiben

Für den Umgang mit Dateien stellt Java das Paket *java.io* zur Verfügung, das die folgenden Klassen enthält:

- *Reader*- und *Writer*-Klassen für den Zugriff auf Textdateien
- *InputStream*- und *OutputStream*-Klassen für den Zugriff auf beliebige Dateien
- *ObjectInputStream* und *ObjectOutputStream* zum Lesen und Schreiben von Objekten
- Die Klasse *RandomFile* für den wahlfreien Zugriff auf beliebige Dateien
- Die Klasse *File* für Informationen über Dateien, ohne sie zu öffnen

Ein Dateizugriff erfolgt im Normalfall nach diesem Schema:

Datei öffnen -> Datei lesen und/oder schreiben -> Datei schließen

Das Öffnen der Datei erledigt in Java der Konstruktor, mit dessen Aufruf auch gleich über die Art des nachfolgenden Zugriffs entschieden wird.

9.1. Dateien öffnen und lesen

Um eine Textdatei zum Lesen zu öffnen, verwenden Sie die Klasse *FileReader*. Noch einmal zur Erinnerung: *Reader* und *Writer* sind für das Lesen und Schreiben von Zeichen zuständig, wohingegen sich *InputStream* und *OutputStream* um das Lesen und Schreiben von binären Daten kümmern.

Des Weiteren benötigen Sie einen *BufferedReader*, der über den *FileReader* gelegt wird. Ohne diesen müssten Sie nämlich jedes Zeichen einzeln einlesen und überprüfen, ob Sie an einem Zeilenende angekommen sind. Mithilfe des *BufferedReaders* können Sie über *readLine()* hingegen ganze Zeilen einlesen. Abgesehen davon puffert er auch den darunterliegenden Datenstrom, was insgesamt effizienter ist.

Das klingt alles erst einmal ziemlich trocken, deswegen sehen wir uns das Prinzip wieder in der Praxis an. Legen Sie dazu im ersten Schritt eine Datei mit dem Namen *hallowelt.txt* an und speichern Sie diese im selben Verzeichnis wie Ihre Java-Programme.

Der Inhalt der Datei soll aus den folgenden Zeilen bestehen:

Hallo Welt,

ich bims, dein Java-Programm!

Achten Sie unbedingt darauf, dass hinter dem *!* kein Zeilenumbruch erfolgt. Sie können natürlich auch einen beliebigen anderen Text verwenden, wichtig ist nur, dass sich dieser ausschließlich über die Zeilen 1 und 3 erstreckt. Zeile 2 soll hingegen komplett leer bleiben.

Für unser Programm importieren wir alle Klassen und Interfaces aus dem Package *java.io*. Darin befinden sich unter anderem auch die oben bereits angesprochenen Klassen *FileReader* und

BufferedReader:

```
import java.io.*;
public class DateiEinlesen {
        public static void main(String[ ] args) {
        }
}
```

Als Nächstes erzeugen wir einen Konstruktor in Form eines *FileReader*, dem wir den Dateinamen als *String* übergeben. Darauf legen wir den *BufferedReader* und übergeben dessen Konstruktor wiederum an den *FileReader*:

```
FileReader fire = new FileReader(„hallowelt.txt“);
BufferedReader bure = new BufferedReader(fire);
```

> **Info:** Wenn sich Ihre Textdateien nicht im gleichen Verzeichnis wie die Java-Programme befinden, können Sie dem *FileReader* alternativ auch den vollständigen Dateipfad als *String* übergeben. Das gilt analog für alle Methoden aus der Klasse *File*.

Im letzten Schritt lesen wir die drei Zeilen mithilfe von *readLine()* aus und zeigen sie auf der Konsole an:

```
String zeile1 = bure.readLine();
System.out.println(zeile1);
String zeile2 = bure.readLine();
System.out.println(zeile2);
String zeile3 = bure.readLine();
System.out.println(zeile3);
```

Streams (also auch *Reader* und *Writer*) sollten generell am Ende mit dem Befehl *close()* geschlossen werden, da es ansonsten zu Fehlern kommen kann. Beim Schließen eines *BufferedReader* wird automatisch auch der darunterliegende Stream geschlossen.

Der komplette Code sieht nun also so aus:

```
import java.io.*;

class DateiEinlesen
{
 public static void main(String[ ] args) throws IOException
  {
 FileReader fire = new FileReader(„hallowelt.txt“);
 BufferedReader bure = new BufferedReader(fire);

 String zeile1 = bure.readLine();
 System.out.println(zeile1);
 String zeile2 = bure.readLine();
 System.out.println(zeile2);
 String zeile3 = bure.readLine();
 System.out.println(zeile3);

 bure.close();
 }
}
```

Das Ergebnis ist folgendes:

*DateiEinlesen.java ×

```
package Package1;

import java.io.*;

class DateiEinlesen
{
  public static void main(String[] args) throws IOException
   {
 FileReader fire = new FileReader("hallowelt.txt");
 BufferedReader bure = new BufferedReader(fire);
 String zeile1 = bure.readLine();
 System.out.println(zeile1);
 String zeile2 = bure.readLine();
 System.out.println(zeile2);
 String zeile3 = bure.readLine();
 System.out.println(zeile3);
 bure.close();
   }
}
```

Problems Javadoc Declaration Console ×

```
<terminated> DateiEinlesen [Java Application] C:\Program Files\Java\jdk-20\bin\javaw.exe (27.11.2023, 21:16:27 – 21:16:27) [pid: 8536]
Hallo Welt,

ich bims, dein Java-Programm!
```

Die leere Zeile stellt für unser Programm keine Hürde dar. In der Variable *zeile2* steht einfach nur ein leerer String „“, der auch genauso ausgegeben wird.

9.2. Dateien Zeile für Zeile auslesen

Was würde passieren, wenn wir versuchen, eine vierte Zeile aus der Datei zu lesen, obwohl es nur drei gibt? Probieren wir es aus!

```
import java.io.*;

class DateiEinlesen
{
 public static void main(String[ ] args) throws IOException
 {
 FileReader fire = new FileReader(„hallowelt.txt“);
 BufferedReader bure = new BufferedReader(fire);

 String zeile1 = bure.readLine();
```

```
System.out.println(zeile1);
String zeile2 = bure.readLine();
System.out.println(zeile2);
String zeile3 = bure.readLine();
System.out.println(zeile3);
String zeile4 = bure.readLine();
System.out.println(zeile4);
bure.close();
}
}
```

Die Ausgabe lautet:

```
Problems  Javadoc  Declaration  Console ×
<terminated> DateiEinlesen [Java Application] C:\Program Files\Java\jdk-20\bin\javaw.exe (27.11.2023, 21:59:48 – 21:59:48) [pid: 12600]
Hallo Welt,

ich bims, dein Java-Programm!
null
```

Der Wert *null* besagt, dass die Variable *zeile4* nicht einfach nur inhaltslos ist, sondern sich an dieser Adresse im Speicher nichts befindet. Die Referenz zeigt also ins Leere.

Versuchen wir es noch einmal mit einer fünften Zeile:

```
import java.io.*;
class DateiEinlesen
{
public static void main(String[ ] args) throws IOException
{
FileReader fire = new FileReader(„hallowelt.txt“);
BufferedReader bure = new BufferedReader(fire);

String zeile1 = bure.readLine();
System.out.println(zeile1);
String zeile2 = bure.readLine();
System.out.println(zeile2);
String zeile3 = bure.readLine();
```

```
System.out.println(zeile3);
String zeile4 = bure.readLine();
System.out.println(zeile4);
String zeile5 = bure.readLine();
System.out.println(zeile5);

bure.close();
}
}
```

Das Ergebnis bleibt dasselbe: Auch der fünfte Aufruf liefert wieder *null* zurück:

```
Problems  Javadoc  Declaration  Console ×
<terminated> DateiEinlesen [Java Application] C:\Program Files\Java\jdk-20\bin\javaw.exe (27.11.2023, 22:08:58 – 22:08:58) [pid: 12380]
Hallo Welt,

ich bims, dein Java-Programm!
null
null
```

Dies kann nun dafür genutzt werden, um eine Datei zeilenweise bis zum Ende einzulesen. Da wir normalerweise im Vorfeld nicht wissen (können), wie viele Zeilen eine Datei enthält, lesen wir einfach so lange, bis *null* zurückgegeben wird.

In diesem Beispiel wird eine *do-while*-Schleife genutzt, es gibt aber selbstverständlich auch andere Lösungsansätze.

```
import java.io.*;

class DateiEinlesen
{
 public static void main(String[ ] args) throws IOException
 {
 FileReader fire = new FileReader(„hallowelt.txt“);
 BufferedReader bure = new BufferedReader(fire);
 String zeile = „“;
```

```
    do
    {
      zeile = bure.readLine();
      System.out.println(zeile);
    }
    while (zeile != null);
    bure.close();
  }
}
```

```
Problems  Javadoc  Declaration  Console ×
<terminated> DateiEinlesen [Java Application] C:\Program Files\Java\jdk-20\bin\javaw.exe (27.11.2023, 22:19:15 – 22:19:16) [pid: 17348]
Hallo Welt,

ich bims, dein Java-Programm!
null
```

Das Ergebnis sieht insgesamt gut aus, nur der Zusatz *null* am Ende sollte nicht erscheinen. In einem produktiven Programm könnte das Weiterverarbeiten von *null* schlimmstenfalls sogar zu einem Absturz führen.

Daher wird eine *while*-Schleife benötigt, die bereits am Anfang die Bedingung prüft und den Schleifenkörper nicht ausführt, wenn dort *null* eingelesen wurde. Nach der Ausgabe *System.out.println(zeile);* weisen wir das Ergebnis von *bure.readLine()* der Variable *zeile* zu:

```
class DateiEinlesen
{
 public static void main(String[ ] args) throws IOException
 {
 FileReader fire = new FileReader(„hallowelt.txt“);
 BufferedReader bure = new BufferedReader(fire);

 String zeile = bure.readLine();

 while (zeile != null)
 {
```

```
      System.out.println(zeile);
      zeile = bure.readLine();
    }

    bure.close();
  }
}
```

Damit hat es geklappt und die Ausgabe erfolgt ohne *null* am Ende. Ergänzen Sie Ihre Textdatei gern um beliebig viele Zeilen und probieren Sie es noch einmal aus.

```
Problems  Javadoc  Declaration  Console ×
<terminated> DateiEinlesen [Java Application] C:\Program Files\Java\jdk-20\bin\javaw.exe (28.11.2023, 19:31:06 – 19:31:07) [pid: 22532]
Hallo Welt,

ich bims, dein Java-Programm! Wir werden
noch jede Menge

Spass zusammen

haben!
```

9.3. Neue Dateien erstellen

Mit der Methode *createNewFile()* der Klasse *File* können Sie Dateien auf ihre Existenz und Zugriffsrechte hin überprüfen und sie bei Bedarf neu anlegen. Zum Abfangen der *Exception* wird in diesem Beispiel wieder ein *try-catch*-Block genutzt:

```
import java.io.File;

public class DateiErstellen {
  public static void main(String args[ ])
  {
    try {
       File datei = new File(„huhu.txt“);
      if (datei.createNewFile())
        System.out.println(„Die Datei wurde erstellt.“);
      else
        System.out.println(„Die Datei existiert bereits!“);
```

}
catch (Exception e) {
System.err.println(e);
}
}
}

*DateiErstellen.java ×

```
package Package1;

import java.io.File;

public class DateiErstellen {
    public static void main(String args[])
    {
        try {
              File datei = new File("huhu.txt");
            if (datei.createNewFile())
                System.out.println("Die Datei wurde erstellt.");
            else
                System.out.println("Die Datei existiert bereits.");
        }
        catch (Exception e) {
            System.err.println(e);
        }
    }
}
```

Problems Javadoc Declaration Console ×

```
<terminated> DateiErstellen [Java Application] C:\Program Files\Java\jdk-20\bin\javaw.exe (28.11.2023, 19:50:35 – 19:50:36) [pid: 14396]
Die Datei wurde erstellt.
```

Wenn Sie den Code ein zweites Mal ausführen, erhalten Sie die Meldung *Die Datei existiert bereits.*

9.4. In vorhandene Dateien schreiben

Um in eine vorhandene Textdatei zu schreiben, benötigen Sie einen *FileWriter*. Aus Effizienzgründen sollten Sie – genau wie beim *FileReader* – einen *BufferedWriter* darüberlegen.

In unsere eben erstellte Datei *huhu.txt* soll der Text

Hopp, Hopp, Hopp,
Pferdchen lauf Galopp.

geschrieben werden. Also übergeben wir dem *FileWriter* den Dateinamen und legen anschließend den *BufferedWriter* darüber:

```
FileWriter fiwr = new FileWriter(„huhu.txt“);
BufferedWriter buwr = new BufferedWriter(fiwr);
```

Zum Eintragen des Textes stellt der *BufferedWriter* die Methode *write* bereit:

```
buwr.write(„Hopp, Hopp, Hopp,“);
buwr.write(„Pferdchen lauf Galopp.“)
```

In die Klasse *DateiSchreiben* verbaut sieht der Code wie folgt aus:

```
import java.io.*;
class DateiSchreiben
{
  public static void main(String[ ] args) throws IOException
  {
    FileWriter fiwr = new FileWriter(„huhu.txt“);
   BufferedWriter buwr = new BufferedWriter(fiwr);

    buwr.write(„Hopp, Hopp, Hopp,“);
    buwr.write(„Pferdchen lauf Galopp.“)
     buwr.close();
  }
}
```

Wenn Sie den Code ausführen und sich das Ergebnis in der Datei ansehen, werden Sie feststellen, dass dort nur eine zusammenhängende Zeile eingetragen wurde:

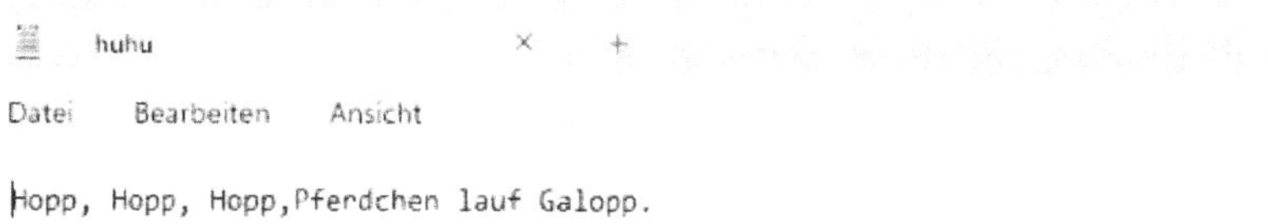

Glücklicherweise bietet der *BufferedWriter* auch eine Methode mit dem Namen *newLine()*, mit deren Hilfe Sie einen Zeilenumbruch erzeugen können:

```
import java.io.*;
class DateiSchreiben
{
 public static void main(String[ ] args) throws IOException
 {
  FileWriter fiwr = new FileWriter(„huhu.txt“);
 BufferedWriter buwr = new BufferedWriter(fiwr);

  buwr.write(„Hopp, Hopp, Hopp,“);
  buwr.newLine();
  buwr.write(„Pferdchen lauf Galopp.“)
  buwr.close();
 }
}
```

Beachten Sie auch, dass bei jeder Ausführung des Programms der bestehende Dateiinhalt von *huhu.txt* überschrieben wird.

9.5. Dateien löschen

Die Klasse *File* stellt auch die Methode *File.Delete()* bereit, mit der Sie nutzlose Dateien oder Verzeichnisse im Handumdrehen entfernen. Damit ein Verzeichnis gelöscht werden kann, darf es keine Dateien enthalten.

```
import java.io.*;
public class DateiLoeschen
```

```
{
  public static void main(String[ ] args)
  {
    File file = new File(„huhu.txt“);
    if(file.delete())
    {
      System.out.println(„Die Datei wurde gelöscht.“);
    }
    else
    {
      System.out.println(„Die Datei konnte nicht gelöscht wer-
      den.“);
    }
  }
}
```

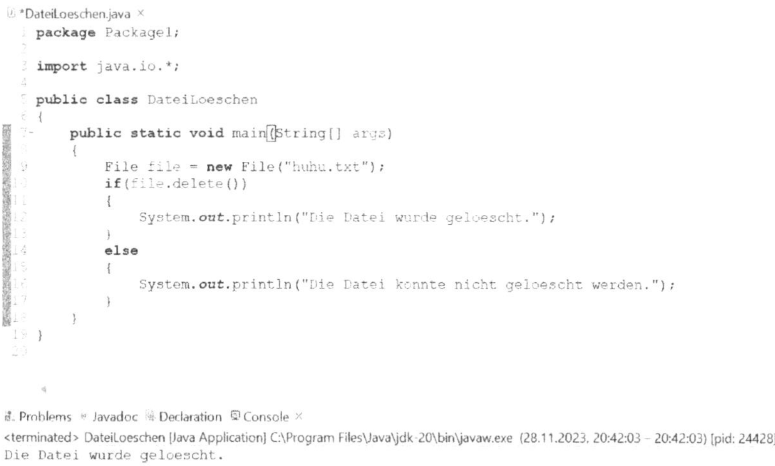

9.6. CSV-Dateien einlesen

Bei CSV-Dateien (Comma-separated values) handelt es sich um eine spezielle Form von Textdateien, die Sie unter anderem mit Microsoft Excel erstellen können. Die Informationen sind durch Separatoren (in der Regel Kommas oder Semikolons) getrennt und zeilenweise angeordnet.

Eine Zeile entspricht jeweils einem Datensatz, der durch die Separatoren in einzelne Datenfelder aufgeteilt wird.

Größere Datenmengen liegen üblicherweise in Form von Excel-Listen vor. Über das Tabellenkalkulationsprogramm von Microsoft können Sie diese auch direkt in ein CSV-File importieren.

Für die Übung in diesem Kapitel legen wir eine Excel-Tabelle mit Informationen zu den Mitarbeitern einer IT-Abteilung an. Diese enthält den Nachnamen, den Vornamen, die Mitarbeiternummer und die Abteilung der betreffenden Personen:

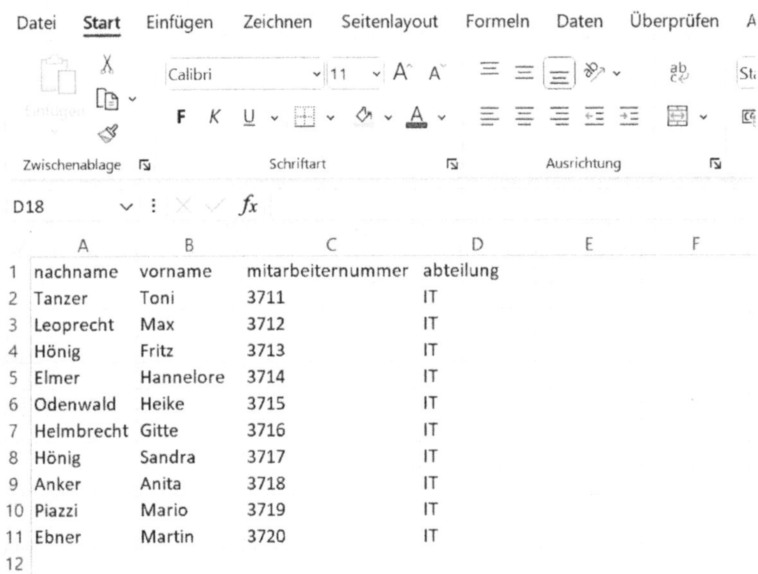

	A	B	C	D	E	F
1	nachname	vorname	mitarbeiternummer	abteilung		
2	Tanzer	Toni	3711	IT		
3	Leoprecht	Max	3712	IT		
4	Hönig	Fritz	3713	IT		
5	Elmer	Hannelore	3714	IT		
6	Odenwald	Heike	3715	IT		
7	Helmbrecht	Gitte	3716	IT		
8	Hönig	Sandra	3717	IT		
9	Anker	Anita	3718	IT		
10	Piazzi	Mario	3719	IT		
11	Ebner	Martin	3720	IT		
12						

Sie können die Daten direkt aus Excel heraus in ein CSV-File exportieren:

Datei -> Speichern unter -> Dateityp ändern -> CSV -> Speichern unter

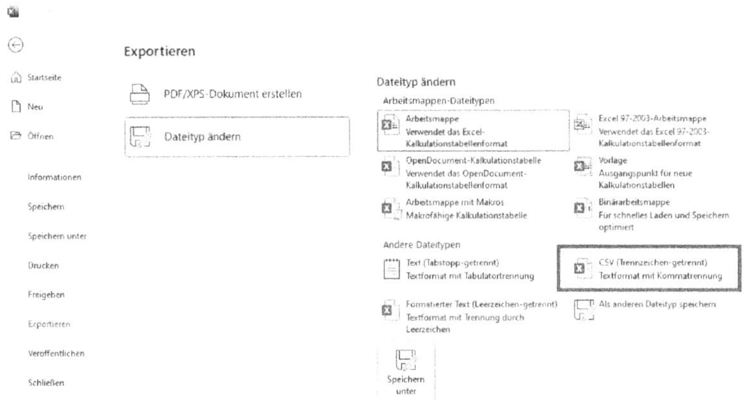

Als Ergebnis erhalten Sie eine Textdatei, deren Datenfelder durch Semikolons getrennt sind:

```
mitarbeiter

Datei    Bearbeiten    Ansicht

nachname;vorname;mitarbeiternummer;abteilung
Tanzer;Toni;3711;IT
Leoprecht;Max;3712;IT
Hönig;Fritz;3713;IT
Elmer;Hannelore;3714;IT
Odenwald;Heike;3715;IT
Helmbrecht;Gitte;3716;IT
Hönig ;Sandra;3717;IT
Anker;Anita;3718;IT
Piazzi;Mario;3719;IT
Ebner;Martin;3720;IT
```

Legen Sie die Datei unter dem Namen *mitarbeiter.csv* im Verzeichnis mit Ihren Java-Programmen ab.

Der klassische Weg, um eine *csv*-Datei in Java einzulesen, ist die Verwendung der Klasse *Scanner*. Im folgenden Beispiel holen wir uns die Datei über die Klasse *File* und lesen sie anschließend mit *Scanner* aus.

```
import java.io.*;
import java.util.Scanner;

public class CSVEinlesen {
  public static void main(String[ ] args) throws FileNotFoundException {
    File CSVDatei = new File(„mitarbeiter.csv“);
    Scanner scan = new Scanner(CSVDatei);
    scan.useDelimiter(„;“);
    while (scan.hasNext()) {
     System.out.println(scan.next() + „ | „);
    }
    scan.close();
  }
}
```

*CSVEinlesen.java ×

```
package Package1;

import java.io.*;
import java.util.Scanner;

public class CSVEinlesen {
  public static void main(String[] args) throws FileNotFoundException {
    File CSVDatei = new File("mitarbeiter.csv");
    Scanner scan = new Scanner(CSVDatei);
    scan.useDelimiter(";");
    while (scan.hasNext()) {
      System.out.println(scan.next() + " | ");
    }
    scan.close();
  }
}
```

Problems Javadoc Declaration Console ×

<terminated> CSVEinlesen [Java Application] C:\Program Files\Java\jdk-20\bin\javaw.exe (29.11.2023, 20:22:45 – 20:22:45) [pid: 23468]

```
nachname | vorname | mitarbeiternummer | abteilung
Tanzer | Toni | 3711 | IT
Leoprecht | Max | 3712 | IT
H?nig | Fritz | 3713 | IT
Elmer | Hannelore | 3714 | IT
Odenwald | Heike | 3715 | IT
Helmbrecht | Gitte | 3716 | IT
H?nig  | Sandra | 3717 | IT
Anker | Anita | 3718 | IT
Piazzi | Mario | 3719 | IT
Ebner | Martin | 3720 | IT
```

Das Einlesen hat wunderbar geklappt, die Umlaute werden allerdings als Fragezeichen dargestellt. Grund dafür sind die unterschiedlichen Zeichensätze. Zudem sind nicht alle Zeichensätze auf allen Betriebssystemen verfügbar.

Sie können beim Öffnen der Datei aber bereits angeben, welchen Zeichensatz Java verwenden soll:

Scanner scan = new Scanner(CSVDatei, „UTF-8");

Im Internet finden Sie bei Interesse weiterführende Informationen zu dieser Thematik.

10. Einführung: Java und Datenbanken

Durch die Java Database Connectivity (JDBC) API bietet Java eine umfassende Unterstützung für die Arbeit mit Datenbanken. Über die JDBC können Anwendungen Verbindungen zu relationalen Datenbanken herstellen, Abfragen darauf ausführen und Daten bearbeiten.

Java kann mit einer Vielzahl von Datenbank-Management-Systemen interagieren. Für die Übungen in diesem Abschnitt wurde SQLite benutzt, das auf Textdateien basiert und den Betrieb einer lokalen Datenbank ohne Server erlaubt.

Diese wird über die bekannte Datenbanksprache SQL (Structured Query Language) gesteuert und kann nach Einbindung des erforderlichen JDBC-Treibers direkt aus Java heraus erzeugt und angesprochen werden. Da die Programmbibliothek nur einige Hundert KB umfasst, eignet sich SQLite auch besonders gut für eingebettete Systeme.

SQLite bietet fünf primitive Datentypen:

- TEXT (Zeichenketten)
- INTEGER (ganze Zahlen)
- REAL (Zahlen mit Nachkommastellen)
- BLOB (binary large objects, große binäre Datenmengen oder Datenblöcke)
- NULL (*null*-Wert)

Info:
Weitere Typen werden zwar unterstützt, die Werte aber immer in einen der oben genannten primitiven Typen umgewandelt. Boolesche Werte interpretiert SQLite beispielsweise als Ganzzahlen 0 (*false*) und 1 (*true*), Uhrzeit- und Datumsangaben werden als TEXT-, REAL- oder INTEGER-Werte gespeichert.

10.1. Datenbank anlegen und verbinden

Um die nachfolgenden Schritte ausführen zu können, müssen Sie als Erstes den SQLite-JDBC-Datenbank-Treiber (Bibliothek) herunterladen und in den Klassenpfad Ihres Programms einbinden.

> **Info:** Der Klassenpfad (engl. Classpath) ist der Dateisystem-Pfad, unter dem die Java Virtual Machine (JVM) nach ausführbaren Dateien sucht.

Die aktuelle Treiber-Version ist unter https://github.com/xerial/sqlite-jdbc/releases in Form eines **.jar*-Files publiziert, das ausführbare **.class*-Dateien enthält. Laden Sie die Bibliothek auf Ihren Rechner herunter und speichern Sie sie in einem beliebigen Verzeichnis ab.

In Eclipse wird die Einbindung über die Projekteigenschaften vorgenommen. Klicken Sie im *Package Explorer* mit der rechten Maustaste auf den Projektnamen und wählen Sie ganz unten den Eintrag *Properties* aus.

Im sich öffnenden Fenster finden Sie links den Eintrag *Java Build Path*. Klicken Sie darauf und wählen Sie anschließend unter dem Reiter *Libraries* den Eintrag *Classpath* aus. Über den Button *Add External JARs* können Sie nun die zuvor heruntergeladene Bibliothek hinzufügen:

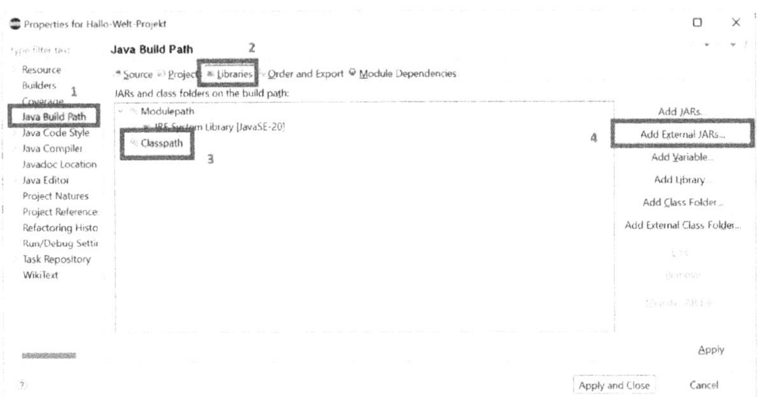

Befindet sich die heruntergeladene **.jar*-Datei bereits im *src*-Verzeichnis (also innerhalb des Klassenpfads), können Sie stattdessen auch den Button *Add JARs* verwenden.

Bestätigen Sie Ihre Änderungen mit *Apply & Close.*

Im nächsten Schritt legen wir die Klasse *DBVerbindung* an, importieren alle für den Verbindungsaufbau erforderlichen Bibliotheken und registrieren den JDBC-Treiber:

```
import java.sql.Connection;
import java.sql.DriverManager;
import java.sql.ResultSet;
import java.sql.Statement;

public class DBVerbindung {
        public static void main(String[ ] args) throws Exception {
        Class.forName(„org.sqlite.JDBC“); // Treiber registrieren
        }
}
```

Nun können wir die erforderlichen Attribute deklarieren. Der Name unserer Datenbank wird in einem String abgelegt und dieser beim Verbindungsaufbau übergeben:

```
String datenbank = „mitarbeiter.db“;
Connection verbindung = DriverManager.getConnection(„jdbc:sqlite:“ + datenbank);
```

> **Info:** SQLite-Datenbanken haben die Dateiendung **.db*, **.sqlite*, **.db3* oder **.sqlite3*.

Der oben dargestellte Code liest die Datei *mitarbeiter.db*, die sich im selben Verzeichnis wie das Programm befindet, ein und verbindet sie mit dem *Connection*-Objekt *verbindung*.

Sollte noch keine Datei mit dem Namen *mitarbeiter.db* existieren, wird die Datei angelegt und eine leere Datenbank erzeugt.

Möchten Sie die Datenbank in einem anderen Verzeichnis ablegen als Ihre Java-Programme, können Sie stattdessen beim Verbindungsaufbau den gewünschten Unterordner mit angeben:

String datenbank = „dbordner/mitarbeiter.db";

Beachten Sie aber, dass der betreffende Unterordner bereits angelegt sein muss, ansonsten schlägt das Anlegen der Datenbank fehl.

10.2. Tabelle erstellen und Inhalte einfügen

Nun können wir unsere Datenbank *mitarbeiter* mit Informationen füllen. Dazu legen wir mithilfe eines SQL-Befehls eine Tabelle mit dem Namen *buchhaltung* und den Spalten *name*, *vorname* und *mitarbeiternummer* an. Die Ausführung einer statischen SQL-Anweisung und das Zurückgeben der von ihr erzeugten Ergebnisse wird mithilfe des Objekts Statement initiiert:

Statement stat = verbindung.createStatement();
stat.executeUpdate(„CREATE TABLE buchhaltung (name, vorname, mitarbeiternummer);");

> **Info:** Alle Wörter in Großbuchstaben sind Bestandteil der SQL-Syntax. SQL ist zwar nicht case sensitive, aus Gründen der Lesbarkeit werden die Schlüsselwörter aber immer groß und die Bezeichner kleingeschrieben.

Unser erster Buchhaltungs-Angestellter ist Hans Moser mit der Mitarbeiternummer 4711:

stat.executeUpdate(„INSERT INTO buchhaltung (name, vorname, mitarbeiternummer) VALUES (‚Moser', 'Hans', '4711');");

Nach dem Eintragen der Daten muss die Verbindung zur Datenbank wieder geschlossen werden. Das passiert über die Anweisung:

verbindung.close();

Hier noch einmal der komplette Code zum Anlegen der Tabelle *buchhaltung* in der *mitarbeiter.db*:

```
import java.sql.Connection;
import java.sql.DriverManager;
import java.sql.PreparedStatement;
import java.sql.ResultSet;
import java.sql.Statement;

public class DBVerbindung {
        public static void main(String[ ] args) throws Exception {

                Class.forName(„org.sqlite.JDBC"); // Treiber
                registrieren
                String datenbank = „mitarbeiter.db";
                Connection verbindung = DriverManager.
                getConnection(„jdbc:sqlite:" + datenbank); //
                Datenbankverbindung herstellen
                Statement stat = verbindung.createStatement();
                //stat.executeUpdate(„CREATE TABLE buch-
haltung (name, vorname, mitarbeiternummer);"); // Tabelle
buchhaltung anlegen
                stat.executeUpdate(„INSERT INTO buch-
haltung (name, vorname, mitarbeiternummer) VALUES
(‚Moser', 'Hans', '4711');"); // Werte einfügen
```

```
        verbindung.close();    // Verbindung beenden
    }
}
```

10.3. Datensätze auslesen und anzeigen

Nun möchten Sie natürlich verifizieren, ob die Daten auch wie gewünscht in die Tabelle *buchhaltung* eingetragen wurden. Dazu müssen Sie eine Abfrage an die Datenbank senden und angeben, welche Inhalte angezeigt werden sollen.

Das ist in unserer Datenbank noch nicht allzu viel, daher lassen wir uns einfach alles anzeigen. Der Befehl zur Abfrage aller Inhalte einer SQL-Datenbank lautet:

```
SELECT * FROM <Name der Datenbank>
```

Das SQL-Statement übergeben wir an die Klasse *ResultSet*

```
ResultSet rs = stat.executeQuery(„SELECT * FROM buchhaltung;“);
```

und lassen uns anschließend das Ergebnis auf der Konsole ausgeben:

```
System.out.println(„Name: „ + rs.getString(„name“));
System.out.println(„Vorname: „ + rs.getString(„vorname“));
System.out.println(„Mitarbeiternummer: „ + rs.getString(„mitarbeiternummer“));
```

Über die Anweisung *rs.close()* wird das *ResultSet* abschließend wieder geschlossen:

```
import java.sql.Connection;
import java.sql.DriverManager;
import java.sql.PreparedStatement;
```

```
import java.sql.ResultSet;
import java.sql.Statement;

        public static void main(String[ ] args) throws Exception {

                Class.forName(„org.sqlite.JDBC“); // Treiber
registrieren
                String datenbank = „mitarbeiter.db“;
                Connection verbindung = DriverManager.get-
Connection(„jdbc:sqlite:“ + datenbank); // Datenbankverbindung
herstellen
                Statement stat = verbindung.createStatement();
                stat.executeUpdate(„CREATE TABLE buch-
haltung (name, vorname, mitarbeiternummer);“); // Tabelle
buchhaltung anlegen
                stat.executeUpdate(„INSERT INTO buch-
haltung (name, vorname, mitarbeiternummer) VALUES
(‚Moser‘,‘Hans‘,‘4711‘);“); // Werte einfügen
                ResultSet rs = stat.executeQuery(„SELECT *
FROM buchhaltung;“);
            System.out.println(„Name: „ + rs.getString(„name“));
             System.out.println(„Vorname: „ + rs.getString(„vor-
name“));
            System.out.println(„Mitarbeiternummer: „ + rs.getS-
tring(„mitarbeiternummer“));
            rs.close();             // ResultSet schließen
            verbindung.close(); // Verbindung beenden
        }
    }
```

Das Ergebnis:

```
*DBVerbindung.java ×
package Package1;

import java.sql.Connection;
import java.sql.DriverManager;
import java.sql.ResultSet;
import java.sql.Statement;

public class DBVerbindung {
    public static void main(String[] args) throws Exception {

        Class.forName("org.sqlite.JDBC"); // Treiber registrieren
        String datenbank = "mitarbeiter.db";
        Connection verbindung = DriverManager.getConnection("jdbc:sqlite:" + datenbank); // Datenbankver
        Statement stat = verbindung.createStatement();
        stat.executeUpdate("CREATE TABLE buchhaltung (name, vorname, mitarbeiternummer);"); // Tabelle
        stat.executeUpdate("INSERT INTO buchhaltung (name, vorname, mitarbeiternummer) VALUES ('Moser','H
        ResultSet rs = stat.executeQuery("SELECT * FROM buchhaltung;");
            System.out.println("Name: " + rs.getString("name"));
            System.out.println("Vorname: " + rs.getString("vorname"));
            System.out.println("Mitarbeiternummer: " + rs.getString("mitarbeiternummer"));
            rs.close();      // ResultSet schließen
            verbindung.close();   // Verbindung beenden
        }
    }
```

```
Problems  Javadoc  Declaration  Console ×
<terminated> DBVerbindung [Java Application] C:\Program Files\Java\jdk-20\bin\javaw.exe (26.11.2023, 19:36:21 – 19:36:22) [pid: 25680]
Name: Moser
Vorname: Hans
Mitarbeiternummer: 4711
```

10.4. Mehrere Datenbank-Abfragen nacheinander ausführen

Nach der oben beschriebenen Methode müsste die *INSERT-INTO*-Anweisung für jeden einzelnen Datensatz in der Tabelle *buchhaltung* separat ausgeführt werden – was nicht nur sehr umständlich, sondern auch äußerst ineffizient wäre.

Um mehrere Abfragen nacheinander auszuführen, gibt es in Java das *PrepareStatement*-Objekt, das direkt auf dem Verbindungsobjekt erzeugt wird. Diesem wird direkt bei der Bildung ein Abfrage-String übergeben, der ein konventionelles *INSERT*-Statement ohne Werte enthält. Stattdessen werden als Platzhalter Fragezeichen verwendet und diese bei der Ausführung des Statements durch konkrete Werte ersetzt. Die zugehörige Bibliothek heißt *java.sql.PreparedStatement* und muss vorab importiert werden.

Die Übergabe erfolgt durch Setter-Methoden, die Sie in Kapitel 8.3.3. schon kennengelernt haben. Der erste Parameter der Methode steht für die Spalte, der zweite für den Wert des betreffenden Eintrags.

Die Methode *addbatch()* fügt für den erzeugten Auftrag einen Query-Stapel hinzu, der am Ende als Gesamtheit durch *executeBatch()* ausgeführt wird. Damit der Anweisungsstapel als geschlossene Einheit ausgeführt wird, müssen Sie außerdem den Auto-Commit-Modus zuvor auf *false* setzen.

Nun fügen wir der Tabelle *buchhaltung* drei weitere Mitarbeiter hinzu. Es steht Ihnen selbstverständlich frei, das Skript um zusätzliche Personen zu erweitern:

```
PreparedStatement prep = verbindung.prepareStatement(„INSERT INTO buchhaltung VALUES (?, ?, ?);“);
    prep.setString(1, „Meier“);
    prep.setString(2, „Max“);
    prep.setString(3, „4712“);
    prep.addBatch();
    prep.setString(1, „Racker“);
    prep.setString(2, „Renate“);
    prep.setString(3, „4713“);
    prep.addBatch();
    prep.setString(1, „Hager“);
    prep.setString(2, „Hannelore“);
    prep.setString(3, „4714“);
    prep.addBatch();
    conn.setAutoCommit(false);
    prep.executeBatch();
    conn.setAutoCommit(true);
```

Für das Abfragen der eingetragenen Werte wird wieder die Methode *executeQuery()* verwendet, das zurückgelieferte *ResultSet*-Objekt samt Getter-Methoden wird dieses Mal aber in eine Schleife gepackt:

```
ResultSet rs = stat.executeQuery(„SELECT * FROM buchhal-
tung;“);
      while (rs.next()) {
            System.out.println(„Name:„ + rs.getString(„name“));
              System.out.println(„Vorname:„ + rs.getString(„vor-
              name“));
              System.out.println(„Mitarbeiternummer:„+rs.getS-
              tring(„mitarbeiternummer“));
      }
```

Den Abschluss bilden auch hier die Schließung des *Result-Sets* und der Datenbankverbindung:

```
rs.close();
verbindung.close();
```

Im Ganzen sieht der Code nun wie folgt aus:

```
import java.sql.Connection;
import java.sql.DriverManager;
import java.sql.PreparedStatement;
import java.sql.ResultSet;
import java.sql.Statement;

public class DBVerbindung {
      public static void main(String[ ] args) throws Exception {

                  Class.forName(„org.sqlite.JDBC“);      //
                  Treiber registrieren
            String datenbank = „mitarbeiter.db“;
            Connection verbindung = DriverManager.get-
Connection(„jdbc:sqlite:“ + datenbank); // Datenbankverbindung
herstellen
            Statement stat = verbindung.createStatement();
            PreparedStatement prep = verbindung.prepa-
reStatement(„INSERT INTO buchhaltung VALUES (?, ?, ?);“);
```

```
prep.setString(1, „Max“);
prep.setString(2, „Meier“);
prep.setString(3, „4712“);
prep.addBatch();
prep.setString(1, „Renate“);
prep.setString(2, „Racker“);
prep.setString(3, „4713“);
prep.addBatch();
prep.setString(1, „Hannelore“);
prep.setString(2, „Hager“);
prep.setString(3, „4714“);
prep.addBatch();
verbindung.setAutoCommit(false);
prep.executeBatch();
verbindung.setAutoCommit(true);

            ResultSet rs = stat.executeQuery(„SELECT *
FROM buchhaltung;“);
    while (rs.next()) {
            System.out.println(„Name: „ + rs.getString(„name“));
             System.out.println(„Vorname: „ + rs.getString(„vor-
name“));
            System.out.println(„Mitarbeiternummer: „ + rs.getS-
tring(„mitarbeiternummer“));

        }
    rs.close();            // ResultSet schließen
    verbindung.close(); // Verbindung beenden
        }
}
```

Und hier ist die Ausgabe:

```
*DBVerbindung.java ×
package Package1;

import java.sql.Connection;
import java.sql.DriverManager;
import java.sql.PreparedStatement;
import java.sql.ResultSet;
import java.sql.Statement;

public class DBVerbindung {
    public static void main(String[] args) throws Exception {

        Class.forName("org.sqlite.JDBC"); // Treiber registrieren
        String datenbank = "mitarbeiter.db";
        Connection verbindung = DriverManager.getConnection("jdbc:sqlite:" + datenbank); // Datenbankverb
        Statement stat = verbindung.createStatement();
        PreparedStatement prep = verbindung.prepareStatement("INSERT INTO buchhaltung VALUES (?, ?, ?);")
        prep.setString(1, "Meier");
        prep.setString(2, "Max");
        prep.setString(3, "4712");
        prep.addBatch();
        prep.setString(1, "Racker");
        prep.setString(2, "Renate");
        prep.setString(3, "4713");
        prep.addBatch();
        prep.setString(1, "Hager");
        prep.setString(2, "Hannelore");
        prep.setString(3, "4714");
        prep.addBatch();
        verbindung.setAutoCommit(false);
        prep.executeBatch();
        verbindung.setAutoCommit(true);

        ResultSet rs = stat.executeQuery("SELECT * FROM buchhaltung;");
        while (rs.next()) {
            System.out.println("Name: " + rs.getString("name"));
            System.out.println("Vorname: " + rs.getString("vorname"));
            System.out.println("Mitarbeiternummer: " + rs.getString("mitarbeiternummer"));

        }
        rs.close();      // ResultSet schließen
```

```
Problems  Javadoc  Declaration  Console ×
<terminated> DBVerbindung [Java Application] C:\Program Files\Java\jdk-20\bin\javaw.exe (27.11.2023, 18:00:25 – 18:00:26) [pid: 12648]
Name: Moser
Vorname: Hans
Mitarbeiternummer: 4711
Name: Meier
Vorname: Max
Mitarbeiternummer: 4712
Name: Racker
Vorname: Renate
Mitarbeiternummer: 4713
Name: Hager
Vorname: Hannelore
Mitarbeiternummer: 4714
```

10.5. Datensätze ändern

Um einen Datensatz in einer bestehenden SQL-Datenbank zu ändern, verwenden Sie die Anweisung *UPDATE.*

Angenommen, die Buchhaltungsmitarbeiterin Hannelore Hager hat geheiratet und den Nachnamen Schneider angenommen. Der zugehörige Datensatz soll nun entsprechend korrigiert werden.

Die SQL-Anweisung dazu lautet:

UPDATE buchhaltung SET name='Schneider' WHERE name='Hager'

Problematisch wird es, wenn in der Tabelle mehrere Personen mit dem Nachnamen Hager vorhanden sind. In diesem Fall würde unsere Anweisung alle Nachnamen Hager in Schneider ändern. Um das zu verhindern, müssen Sie die Abfrage über eine *AND*-Verknüpfung noch weiter einschränken:

UPDATE buchhaltung SET name='Schneider' WHERE name='Hager' AND vorname='Hannelore'

Wenn Sie sich nun erneut den Inhalt der Tabelle *buchhaltung* ausgeben lassen, sehen Sie, dass der Nachname von Hannelore Hager wie gewünscht in Schneider geändert wurde:

DBUpdate.java ×

```
package Package1;
import java.sql.Connection;

public class DBUpdate {
    public static void main(String[] args) throws Exception {

        Class.forName("org.sqlite.JDBC"); // Treiber registrieren
        String datenbank = "mitarbeiter.db";
        Connection verbindung = DriverManager.getConnection("jdbc:sqlite:" + datenbank); // Datenbankverb
        Statement stat = verbindung.createStatement();
        stat.executeUpdate("UPDATE buchhaltung SET name='Schneider' WHERE name='Hager' AND vorname='Hanne
        ResultSet rs = stat.executeQuery("SELECT * FROM buchhaltung;");
        while (rs.next()) {
            System.out.println("Name: " + rs.getString("name"));
            System.out.println("Vorname: " + rs.getString("vorname"));
            System.out.println("Mitarbeiternummer: " + rs.getString("mitarbeiternummer"));
        }
            rs.close();     // ResultSet schließen
            verbindung.close();    // Verbindung beenden
        }
    }
```

Problems Javadoc Declaration Console ×

```
<terminated> DBUpdate [Java Application] C:\Program Files\Java\jdk-20\bin\javaw.exe (27.11.2023, 18:02:28 – 18:02:28) [pid: 20668]
Name: Moser
Vorname: Hans
Mitarbeiternummer: 4711
Name: Meier
Vorname: Max
Mitarbeiternummer: 4712
Name: Racker
Vorname: Renate
Mitarbeiternummer: 4713
Name: Schneider
Vorname: Hannelore
Mitarbeiternummer: 4714
```

10.6. Tabellen ändern

Mit der *ALTER TABLE* Anweisung können Sie einer bestehenden Tabelle nachträglich Spalten hinzufügen oder die Tabelle umbenennen.

> **Info:** Die *ALTER TABLE*-Anweisung kann nicht zum Ändern, Umbenennen oder Löschen von Spalten verwendet werden. Stattdessen müssen Sie die ursprüngliche Tabelle umbenennen, eine neue Tabelle erstellen und die Daten in die neue Tabelle kopieren. Dabei handelt es sich allerdings um eine weiterführende Thematik, die in diesem Buch nicht behandelt wird.

10.6.1. Spalte zu einer Tabelle hinzufügen

Unsere Tabelle *buchhaltung* soll um eine Spalte mit den Abteilungsnamen ergänzt werden. Der SQL-Befehl dafür sieht wie folgt aus:

ALTER TABLE buchhaltung ADD abteilung

Im ersten Schritt wird also das Statement eingebaut, das die zusätzliche Spalte in der Tabelle *buchhaltung* erzeugt:

stat.executeUpdate(„ALTER TABLE buchhaltung ADD abteilung;“);

Vergessen Sie nicht, die *while*-Schleife außerdem um die folgende Zeile zu ergänzen:

System.out.println(„Abteilung: „ + rs.getString(„abteilung“));

```
DBAlterTable.java ×
package Package1;

import java.sql.Connection;
import java.sql.DriverManager;
import java.sql.PreparedStatement;
import java.sql.ResultSet;
import java.sql.Statement;

public class DBAlterTable {
    public static void main(String[] args) throws Exception {
        Class.forName("org.sqlite.JDBC"); // Treiber registrieren
        String datenbank = "mitarbeiter.db";
        Connection verbindung = DriverManager.getConnection("jdbc:sqlite:" + datenbank); // Datenbankver
        Statement stat = verbindung.createStatement();
        stat.executeUpdate("ALTER TABLE buchhaltung ADD abteilung;");
        ResultSet rs = stat.executeQuery("SELECT * FROM buchhaltung;");
        while (rs.next()) {
            System.out.println("Name: " + rs.getString("name"));
            System.out.println("Vorname: " + rs.getString("vorname"));
            System.out.println("Mitarbeiternummer: " + rs.getString("mitarbeiternummer"));
            System.out.println("Abteilung: " + rs.getString("abteilung"));
```

```
Problems  Javadoc  Declaration  Console ×
<terminated> DBAlterTable [Java Application] C:\Program Files\Java\jdk-20\bin\javaw.exe (27.11.2023, 19:47:54 – 19:47:55) [pid: 28584]
Name: Moser
Vorname: Hans
Mitarbeiternummer: 4711
Abteilung: null
Name: Meier
Vorname: Max
Mitarbeiternummer: 4712
Abteilung: null
Name: Racker
Vorname: Renate
Mitarbeiternummer: 4713
Abteilung: null
Name: Schneider
Vorname: Hannelore
Mitarbeiternummer: 4714
Abteilung: null
```

Sie sehen, dass das Hinzufügen der Spalte zwar geklappt hat, die Zellen bisher aber noch leer bzw. von Java automatisch auf den Standardwert *null* gesetzt worden sind.

Nun soll bei allen Datensätzen in der Spalte *abteilung* noch der Wert *buchhaltung* ergänzt werden:

stat.executeUpdate(„UPDATE buchhaltung SET abteilung='Buchhaltung';");

```
DBAlterTable.java
package Package1;

import java.sql.Connection;
import java.sql.DriverManager;
import java.sql.PreparedStatement;
import java.sql.ResultSet;
import java.sql.Statement;

public class DBAlterTable {
    public static void main(String[] args) throws Exception {
        Class.forName("org.sqlite.JDBC");
        String datenbank = "mitarbeiter.db";
        Connection verbindung = DriverManager.getConnection("jdbc:sqlite:" + datenbank);
        Statement stat = verbindung.createStatement();
        stat.executeUpdate("UPDATE buchhaltung SET abteilung='Buchhaltung';");
        ResultSet rs = stat.executeQuery("SELECT * FROM buchhaltung;");
        while (rs.next()) {
            System.out.println("Name: " + rs.getString("name"));
            System.out.println("Vorname: " + rs.getString("vorname"));
            System.out.println("Mitarbeiternummer: " + rs.getString("mitarbeiternummer"));
            System.out.println("Abteilung: " + rs.getString("abteilung"));
```

```
Problems  Javadoc  Declaration  Console
<terminated> DBAlterTable [Java Application] C:\Program Files\Java\jdk-20\bin\javaw.exe (27.11.2023, 19:58:08 – 19:58:08) [pid: 11180]
Name: Moser
Vorname: Hans
Mitarbeiternummer: 4711
Abteilung: Buchhaltung
Name: Meier
Vorname: Max
Mitarbeiternummer: 4712
Abteilung: Buchhaltung
Name: Racker
Vorname: Renate
Mitarbeiternummer: 4713
Abteilung: Buchhaltung
Name: Schneider
Vorname: Hannelore
Mitarbeiternummer: 4714
Abteilung: Buchhaltung
```

10.6.2. Tabelle umbenennen

Hin und wieder kann es auch erforderlich sein, eine Tabelle umzubenennen. Die SQL-Syntax hierfür lautet:

ALTER TABLE <tabellenname> RENAME TO <neuer tabellenname>

Mit dem folgenden Code benennen Sie die Tabelle *buchhaltung* in *buha* um:

stat.executeUpdate(„ALTER TABLE buchhaltung RENAME TO buha;");

10.7. Datensätze löschen

Mithilfe des Befehls DELETE FROM können Sie Datensätze wieder aus der Tabelle respektive Datenbank entfernen.

Herr Moser geht in Rente. Daher soll der zugehörige Datensatz aus der Tabelle *buchhaltung* gelöscht werden:

stat.executeUpdate(„DELETE FROM buchhaltung WHERE name='Moser' AND vorname='Hans'");

Anschließend sehen Sie sich in einer neuen Abfrage an, ob alles wie gewünscht funktioniert hat:

*ResultSet rs = stat.executeQuery(„SELECT * FROM buchhaltung;");*

DBDelete.java ×

```java
package Package1;

import java.sql.Connection;
import java.sql.DriverManager;
import java.sql.PreparedStatement;
import java.sql.ResultSet;
import java.sql.Statement;

public class DBDelete {
    public static void main(String[] args) throws Exception {
        Class.forName("org.sqlite.JDBC"); // Treiber registrieren
        String datenbank = "mitarbeiter.db";
        Connection verbindung = DriverManager.getConnection("jdbc:sqlite:" + datenbank); // Datenbankverk
        Statement stat = verbindung.createStatement();
        stat.executeUpdate("DELETE FROM buchhaltung WHERE name='Moser' AND vorname='Hans'");
        ResultSet rs = stat.executeQuery("SELECT * FROM buchhaltung;");
        while (rs.next()) {
            System.out.println("Name: " + rs.getString("name"));
            System.out.println("Vorname: " + rs.getString("vorname"));
            System.out.println("Mitarbeiternummer: " + rs.getString("mitarbeiternummer"));
            System.out.println("Abteilung: " + rs.getString("abteilung"));
```

Problems Javadoc Declaration Console ×

```
<terminated> DBDelete [Java Application] C:\Program Files\Java\jdk-20\bin\javaw.exe (27.11.2023, 20:15:38 – 20:15:38) [pid: 17012]
Name: Meier
Vorname: Max
Mitarbeiternummer: 4712
Abteilung: Buchhaltung
Name: Racker
Vorname: Renate
Mitarbeiternummer: 4713
Abteilung: Buchhaltung
Name: Schneider
Vorname: Hannelore
Mitarbeiternummer: 4714
Abteilung: Buchhaltung
```

11. Einführung: Grafische Benutzeroberflächen (GUI)

In diesem Kapitel beschäftigen wir uns mit den Grundlagen der Oberflächenprogrammierung. Das *Graphical User Interface* – kurz *GUI* – stellt eine Schnittstelle zum Benutzer dar und ermöglicht die Bedienung von Anwendersoftware mithilfe grafischer Symbole oder Steuerelemente.

In Java gibt es zwei Bibliotheken für GUI-Programmelemente. Das *Abstract Windowing Toolkit* (*AWT*) ist mittlerweile veraltet, daher nutze ich vorwiegend die *Swing*-Bibliotheken.

11.1. Programmfenster erzeugen

Das Paket *java.swing* stellt einige Klassen zur Verfügung, die für die Erstellung von grafischen Benutzeroberflächen benötigt werden. Die Basis bildet die Klasse *JFrame*, mit der Sie ein Programmfenster erzeugen können.

Für unser erstes Fenster benötigen wir eine Unterklasse von *JFrame*. Darin legen wir fest, wie unser Fenster aussehen und welche Funktionalitäten es besitzen soll:

```
import javax.swing.*;

public class JFrameBeispiel
{
  public static void main(String[ ] args)
  {
```

```
        JFrame meinJFrame = new JFrame(„Beispiel JFrame“);
        meinJFrame.setSize(400,400);
        meinJFrame.setVisible(true);
    }
}
```

Im Code oben passieren drei Dinge:

1. Wir erzeugen ein neues Fenster mit dem Titel „Beispiel JFrame“.
2. Wir setzen die Breite und Höhe des Fensters auf 400 Pixel.
3. Wir lassen uns das Fenster anzeigen.

Das Ergebnis sieht zu Beginn noch nicht sehr spektakulär aus:

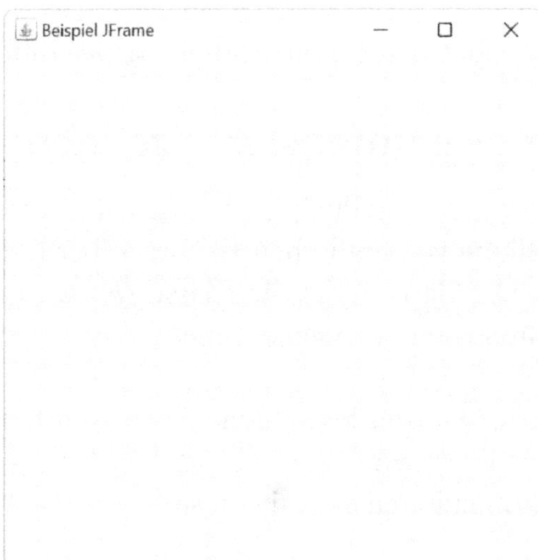

Was Sie jetzt sehen, ist eine Art Fensterrahmen ohne Inhalt. Um darauf Bedienelemente platzieren zu können, müssen Sie eine Fensterscheibe einsetzen. Das erledigen Sie in Java mithilfe von Containern, mit denen sich die eigentlichen Bedienelemente strukturieren und gruppieren lassen.

Die Klasse *JPanel* ist der Standard-Container und bildet die Grundlage für die Grafikprogrammierung. Je nach Bedarf können dann weitere Container hinzugefügt werden. Ein *JPanel* beschränkt sich nicht auf eine bestimmte Anzahl von Elementen.

Mit dem nachfolgenden Code fügen wir unserem Frame ein *JPanel* hinzu und färben es zum Zwecke der Sichtbarkeit türkis ein. Hier kommt noch einmal die zuvor bereits angesprochene (eigentlich veraltete) *AWT*-Bibliothek zum Einsatz:

```
import javax.swing.*;
import java.awt.*;

public class JPanelBeispiel
{
  public static void main(String[ ] args)
  {
      JFrame meinJFrame = new JFrame(„JPanel Beispiel“); //
Neues Fenster erzeugen
      meinJFrame.setSize(400,400); // Breite und Höhe auf 400
Pixel setzen
      meinJFrame.setVisible(true); // Frame anzeigen

      JPanel panel = new JPanel(); // Neues Panel erzeugen
     panel.setBackground(Color.CYAN);  // Panel türkis einfärben

      meinJFrame.add(panel); // Panel zum Frame hinzufügen

  }
}
```

11.2. Bedienelemente hinzufügen und positionieren

Nun haben Sie zwar ein schönes türkisfarbenes Fenster erzeugt, es aber noch nicht mit Komponenten gefüllt. Die Tabelle zeigt die wichtigsten Methoden für den Einsatz von Bedienelementen:

Methode	Eigenschaften / Beschreibung
add	Platziert ein beliebiges Bedienelement auf Ihrer Oberfläche.
setEnabled	Aktiviert bzw. deaktiviert ein Bedienelement.
setSize	Setzt die bevorzugte oder maximale Größe eines Bedienelements.
setVisible	Steuert die Sichtbarkeit der Bedienelemente.
setText	Legt die Beschriftung eines Bedienelements (z. B. eines Buttons) fest. Mit der *getText()*-Methode lassen sich analog Texte aus Eingabefeldern entgegennehmen.
remove	Entfernt ein beliebiges Bedienelement von der Oberfläche.

11.2.1. JLabel

Beginnen Sie mit etwas Einfachem: Die Anweisung *JLabel* fügt dem Panel ein Label hinzu.

panel.add(new JLabel(„Das ist eine Beschriftung!“));

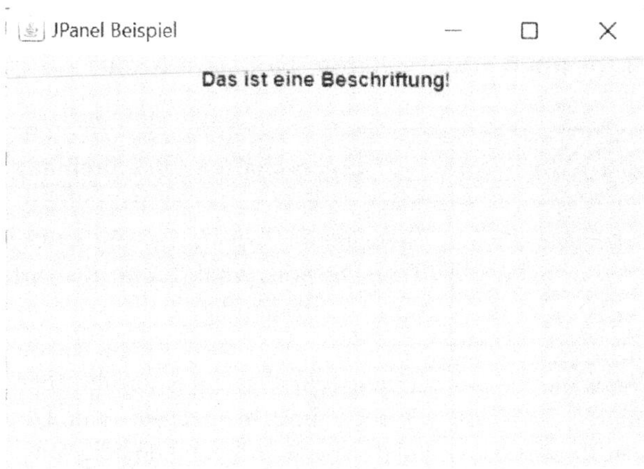

Indem Sie den Text in *html*-Tags einbetten, kann der Schriftzug auch als HTML-Text dargestellt werden.

```
String txt = „<html><h1 align=\“center\“>Label</h1>“
        + „<p bgcolor=\“#ddffff\“>“
        + „Hopp, Hopp, Hopp „
        + „<font color=\“#ff3311\“ size=\“+2\“>Pferdchen „
        + „lauf Galopp.</font> </p></html>“;
panel.add(new JLabel(txt));
```

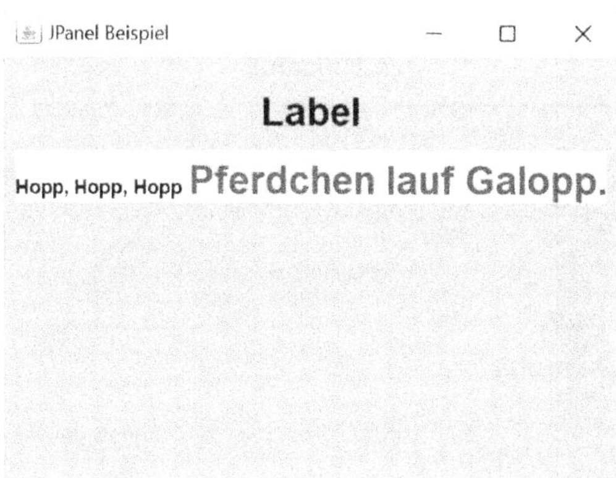

Es muss sich aber nicht zwingend um einen Text handeln. Ein *JLabel* kann auch eine Grafik oder ein Icon beinhalten.

Zu diesem Zweck bietet Klasse *JLabel* neben dem Standard-Konstruktor noch einige weitere Konstruktoren:

Konstruktor	Eigenschaften / Beschreibung
JLabel(String text)	Erzeugt ein *JLabel* mit einem zentrierten Text. Die horizontale Standard-Ausrichtung ist linksbündig.
JLabel(String text, Icon icon, int horizontalAlignment)	Erzeugt ein *JLabel*, das sowohl einen Text als auch ein Icon anzeigen kann. Der Text folgt dabei dem Icon. Die horizontale Ausrichtung kann über den dritten Parameter definiert werden.
JLabel(String text, int horizontalAlignment)	Erzeugt ein *JLabel* mit vertikal zentriertem Text. Die horizontale Ausrichtung wird über den zweiten Parameter definiert.
JLabel(Icon image)	Erzeugt ein *JLabel* mit einem zentrierten Icon.
JLabel(Icon image, int horizontalAlignment)	Erzeugt ein *JLabel* mit einem zentrierten Icon, dessen horizontale Ausrichtung über den zweiten Parameter definiert werden kann.

Im folgenden Beispiel besteht das *JLabel* aus einem Text und einem Icon.

```
import java.awt.*;
import javax.swing.*;

public class JLabelBeispiel
{
 public static void main(String[ ] args)
 {
```

```
    JFrame meinJFrame = new JFrame(„JPanel Beispiel“); // Neues Fenster erzeugen
    meinJFrame.setSize(400,400); // Breite und Höhe auf 400 Pixel setzen
    meinJFrame.setVisible(true); // Frame anzeigen

    JPanel panel = new JPanel(); // Neues Panel erzeugen
    panel.setBackground(Color.CYAN); // Panel türkis einfärben

    meinJFrame.add(panel); // Panel zum Frame hinzufügen

    ImageIcon icon = new ImageIcon(„smilie.png“);
    icon.setImage(icon.getImage().getScaledInstance(30, 30,Image.SCALE_DEFAULT)); // Größe des Icons anpassen

    JLabel label = new JLabel („Keep on smiling!“, icon, JLabel.CENTER);
    label.setHorizontalTextPosition(JLabel.LEFT);

    panel.add(label);
    meinJFrame.setVisible(true);
}
}
```

11.2.2. JTextField

Die Klasse *JTextField* fügt Ihrer grafischen Oberfläche ein einfaches Eingabefeld für eine Textzeile hinzu. Derartige Felder werden üblicherweise in Eingabemasken zur Erfassung von Daten eingesetzt.

Die Implementierung erfolgt über den Befehl:

JTextField <Bezeichner> = new JTextField();

Innerhalb der Klammern können Sie dem Konstruktor auch direkt Text übergeben, der beim Aufruf vorbelegt wird:

```
import java.awt.*;
import javax.swing.*;

public class JTextFieldBeispiel {

        public static void main(String[ ] args)
        {
                JFrame meinJFrame = new JFrame(„JPanel
Beispiel“); // Neues Fenster erzeugen
                meinJFrame.setSize(400,400); // Breite und Höhe
auf 400 Pixel setzen
                meinJFrame.setVisible(true); // Frame anzeigen

                JPanel panel = new JPanel(); // Neues Panel erzeugen
                panel.setBackground(Color.CYAN); // Panel türkis
einfärben

                meinJFrame.add(panel); // Panel zum Frame hin-
                zufügen
                JTextField Textfeld = new JTextField(„Tragen SIe
hier Ihren Text ein.“);
```

```
        panel.add(Textfeld);
        meinJFrame.setVisible(true);
    }
}
```

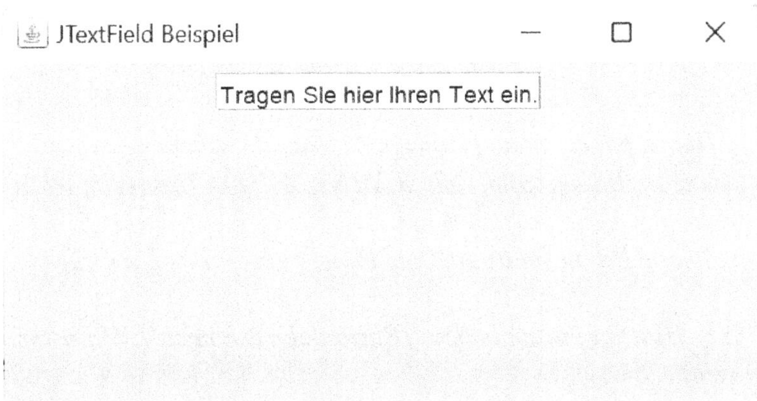

11.2.3. JButton

Mithilfe der Klasse *javax.swing.JButton* lassen sich Schaltflächen realisieren. Buttons gibt es in nahezu jeder Anwendung. Sie werden üblicherweise für die Ausführung bestimmter Aktionen eingesetzt.

Wie Sie durch das Klicken eines Buttons eine Aktion auslösen können, sehen Sie im nächsten Kapitel. An dieser Stelle soll die Schaltfläche erst einmal nur angezeigt und beschriftet werden:

```
import java.awt.Color;
import javax.swing.*;

public class JButtonBeispiel
{
```

```
    public static void main(String[ ] args)
    {
        JFrame meinJFrame = new JFrame(„JButton Beispiel“); //
Neues Fenster erzeugen
        meinJFrame.setSize(400,400); // Breite und Höhe auf 400
Pixel setzen
        meinJFrame.setVisible(true); // Frame anzeigen

       JPanel panel = new JPanel(); // Neues Panel erzeugen
      panel.setBackground(Color.CYAN);  // Panel türkis einfärben

        meinJFrame.add(panel); // Panel zum Frame hinzufügen

         JButton button = new JButton(„Drück mich“); // Button
hinzufügen
        button.setSize(10, 10);

        panel.add(button);
        meinJFrame.add(panel);

        meinJFrame.setVisible(true);
    }
}
```

Neben dem Standard-Konstruktor stellt die Klasse *JButton* auch noch diese Konstruktoren bereit:

Konstruktor	**Eigenschaften / Beschreibung**
JButton(Action a)	Weist der Schaltfläche direkt eine Aktion zu, die beim Klicken ausgelöst werden soll.
JButton(Icon icon)	Erstellt eine Schaltfläche, die anstelle eines Schriftzugs ein Icon anzeigt.
JButton(String text, Icon icon)	Erstellt eine Schaltfläche, bei der der Text hinter dem Icon erscheint.

11.3. Event Handling

Sie wissen nun, wie Sie Bedienelemente in der Java GUI erstellen können. Diese sind allerdings noch ohne Funktionalität. Der Sinn eines Bedienelements ist aber, damit das Programm zu steuern. Ein Button soll beispielsweise eine bestimmte Aktion ausführen, wenn Sie darauf klicken.

Zu diesem Zweck gibt es in Java die *Event*-Klassen, die alle von der Basisklasse *java.util.EventObject* bzw. deren Unterklassen abgeleitet sind. Die meisten davon sind im Java-Paket *java.awt.event* enthalten.

Einige davon werden im Folgenden kurz vorgestellt:

Klassenname	**Eigenschaften / Beschreibung**
ActionEvent	Wird bei der Aktionsauslösung von Komponenten (z. B. Buttons) erzeugt.
MouseEvent	Wird beim Drücken / Loslassen / Klicken der Maustaste erzeugt.
FocusEvent	Wird erzeugt, wenn eine Komponente den Fokus erhält oder verliert.
WindowEvent	Wird erzeugt, wenn sich der Zustand eines Fensters ändert.
TextEvent	Wird erzeugt, wenn sich der Text einer Komponente (z. B. der Inhalt eines Textfelds) ändert.

Zu jeder *Event*-Klasse gehört auch ein Satz von Nachrichten, die beim Auslösen des Events gesendet werden können. Sie stehen in den zum jeweiligen Ereignis gehörenden *ListenerInterfaces*. Zum *ActionEvent* gehört ein *ActionListener*, zum *MouseEvent* ein *MouseListener* usw.

Existieren zu einem Event besonders viele Nachrichten, kann es auch mehrere *ListenerInterfaces* geben, von denen jedes eine Untergruppe der potenziellen Nachrichten darstellt. Zum *MouseEvent* gibt es etwa die beiden Interfaces *MouseListener* und *MouseMotionListener*. Das *WindowEvent* kommt sogar gleich mit drei *Listenern* um die Ecke: Dem *WindowListener*, *WindowFocusListener* und dem *WindowStateListener*.

Damit der Button beim Klicken eine Aktion ausführt, wird ein *ActionEvent* respektive ein *ActionListener* benötigt. Soll eine Klasse zum *ActionListener* werden, müssen Sie darin die Methode

```
void actionPerformed(ActionEvent e)
```

implementieren. Diese wird aufgerufen, wenn an einer angemeldeten Komponente (also an dem Button) ein *ActionEvent* auftritt und enthält den Code, der das gewünschte Verhalten als Reaktion auf das Ereignis erzeugt.

So sieht die Implementierung in der Praxis aus: Nach Betätigen des Buttons soll sich der Hintergrund grün färben. Dazu muss der Schaltfläche ein *ActionListener* zugewiesen werden:

```
button.addActionListener(new ActionListener()
{
        public void actionPerformed(ActionEvent e)
        {
         panel.setBackground(Color.GREEN);
        }
});
```

Ab sofort ruft ein Klick auf den Button die *actionPerformed*-Methode des zuständigen *ActionListeners* auf, in der die Reaktion auf das Event festgelegt wird. Der Hintergrund wird wie gewünscht grün eingefärbt. Hier noch einmal der komplette Code zum Ausprobieren:

```
import java.awt.event.ActionEvent;
import java.awt.event.ActionListener;

import javax.swing.*;

public class JButtonBeispiel
{
   public static void main(String[ ] args)
   {
       JFrame meinJFrame = new JFrame(„JButton Beispiel“); //
Neues Fenster erzeugen
       meinJFrame.setSize(400,400); // Breite und Höhe auf 400
Pixel setzen
       meinJFrame.setVisible(true); // Frame anzeigen

JPanel panel = new JPanel(); // Neues Panel erzeugen
         panel.setBackground(Color.CYAN);  // Panel türkis ein-
färben
         meinJFrame.add(panel); // Panel zum Frame hinzufügen

         JButton button = new JButton(„Drück mich“); // Button
hinzufügen
       button.setSize(10, 10);

       panel.add(button);
       meinJFrame.add(panel);
       meinJFrame.setVisible(true);

   button.addActionListener(new ActionListener()
   {
       public void actionPerformed(ActionEvent e)
```

```
            {
            panel.setBackground(Color.GREEN); Panel grün ein-
färben
            }
    });
}
}
```

Damit haben Sie bereits einige wichtige Grundlagen für die Erstellung von GUIs gelernt. Das Thema ist allerdings sehr umfangreich und komplex und würde den Rahmen dieses Buches sprengen. Im Anhang finden Sie einige Links mit weiterführender Literatur, mit der Sie auf Ihren jetzigen Kenntnissen aufbauen können.

12. Abschlussprojekt: Buttons einfärben

Mit dieser Abschlussaufgabe erhalten Sie noch einmal die Gelegenheit, das Gelernte in die Praxis umzusetzen.

Als Ausgangscode wird das *JButton*-Beispiel aus Lektion 11.3. verwendet:

```
import java.awt.*;
import java.awt.event.ActionEvent;
import java.awt.event.ActionListener;

import javax.swing.*;

public class JButtonBeispiel
{
  public static void main(String[ ] args)
  {
      JFrame meinJFrame = new JFrame(„JButton Beispiel"); //
Neues Fenster erzeugen
      meinJFrame.setSize(400,400); // Breite und Höhe auf 400
Pixel setzen
      meinJFrame.setVisible(true); // Frame anzeigen

            JPanel panel = new JPanel(); // Neues Panel erzeugen
             panel.setBackground(Color.CYAN);  // Panel türkis
einfärben
```

```
            meinJFrame.add(panel); // Panel zum Frame hinzu-
fügen
        JButton button = new JButton(„Drück mich“); // Button
hinzufügen
     button.setSize(10, 10);


     panel.add(button);
     meinJFrame.add(panel);
     meinJFrame.setVisible(true);

   button.addActionListener(new ActionListener()
   {
        public void actionPerformed(ActionEvent e)
        {
         panel.setBackground(Color.GREEN);
        }
   });
}
}
```

Anstelle von einem sollen nun aber drei Buttons angezeigt werden, die beim Anklicken nicht die Hintergrundfarbe, sondern Ihre eigene Farbe wechseln. In der Mitte soll außerdem abhängig vom gedrückten Button ein Text in derselben Farbe erscheinen:

- Button 1 wechselt seine Farbe zu Grün und zeigt den Text „Grün, grün, grün sind alle meine Kleider“ an.
- Button 2 wechselt seine Farbe zu Rot und zeigt den Text „Für mich solls rote Rosen regnen“ an.
- Button 3 wechselt seine Farbe zu Blau und zeigt den Text „Von den blauen Bergen kommen wir“ an.

Die Farbe der beiden nicht betätigten Buttons soll nach dem Drücken wieder auf Grau wechseln.

Viel Spaß bei der Übung und vergessen Sie nicht: Der Weg ist in Java mindestens genauso wichtig wie das Ziel!

Lösung zur Abschlussaufgabe

```
import java.awt.*;
import java.awt.event.ActionEvent;
import java.awt.event.ActionListener;

import javax.swing.*;
public class FarbwechselButtons
{
   public static void main(String[ ] args)
   {
       JFrame meinJFrame = new JFrame(„JButton Beispiel“); //
Neues Fenster erzeugen
       meinJFrame.setSize(400,100); // Breite und Höhe setzen
       meinJFrame.setVisible(true); // Frame anzeigen

              JPanel panel = new JPanel(); // Neues Panel erzeugen
              panel.setBackground(Color.BLACK); // Panel schwarz
einfärben

              meinJFrame.add(panel); // Panel zum Frame hinzu-
fügen
       JButton button1 = new JButton(„Drück mich“); // Button 1
erzeugen
       button1.setSize(10, 10);
       JButton button2 = new JButton(„Drück mich“); // Button 2
erzeugen
       button2.setSize(10, 10);
       JButton button3 = new JButton(„Drück mich“); // Button 3
erzeugen
       button3.setSize(10, 10);

       JLabel label = new JLabel(); // Label erzeugen
```

```
    panel.add(button1); // Button 1 zum Panel hinzufügen
    panel.add(button2); // Button 2 zum Panel hinzufügen
    panel.add(button3); // Button 3 zum Panel hinzufügen
    panel.add(label);   // Label zum Panel hinzufügen

    meinJFrame.add(panel); // Panel zum Frame hinzufügen
    meinJFrame.setVisible(true); // Frame sichtbar machen

  button1.addActionListener(new ActionListener()
  {
      public void actionPerformed(ActionEvent e)
      {
        button1.setBackground(Color.GREEN); // Farbe von
Button 1 auf Grün setzen
        button2.setBackground(Color.LIGHT_GRAY); //
Farbe von Button 2 auf Grau setzen
        button3.setBackground(Color.LIGHT_GRAY); //
Farbe von Button 3 auf Grau setzen
        label.setForeground(Color.GREEN);
        label.setText(„Grün, grün, grün sind alle meine Klei-
der“); // Label-Text ändern

      }
  });

  button2.addActionListener(new ActionListener()
  {
      public void actionPerformed(ActionEvent e)
      {
        button2.setBackground(Color.RED); // Farbe von But-
ton 2 auf Rot setzen
        button3.setBackground(Color.LIGHT_GRAY); //
Farbe von Button 3 auf Grau setzen
        button1.setBackground(Color.LIGHT_GRAY); //
Farbe von Button 1 auf Grau setzen
```

```
        label.setForeground(Color.RED);
        label.setText(„Für mich solls rote Rosen regnen“); //
Label-Text ändern
        }
  });
  button3.addActionListener(new ActionListener()
  {
        public void actionPerformed(ActionEvent e)
        {
         button3.setBackground(Color.BLUE); // Farbe von But-
ton 3 auf Blau setzen
         button2.setBackground(Color.LIGHT_GRAY); //
Farbe von Button 2 auf Grau setzen
         button1.setBackground(Color.LIGHT_GRAY); //
Farbe von Button 1 auf Grau setzen
         label.setForeground(Color.BLUE);
         label.setText(„Von den blauen Bergen kommen wir“); //
Label-Text ändern
        }
  });
}
}
```

13. Abschluss

Mit dem Lesen dieses Buches haben Sie einen ersten wichtigen Schritt in die Welt der Java-Programmierung unternommen. Herzlichen Glückwunsch zu Ihrem Engagement und Durchhaltevermögen, sich in diese faszinierende Programmiersprache zu vertiefen!

Das Ende dieses Buches markiert aber längst nicht das Ende Ihrer Reise. Das Erlernen von Java ist ein fortlaufender Prozess und das Programmieren eine ständige Weiterentwicklung Ihrer Fähigkeiten. Fortschritte kommen nicht über Nacht, sondern durch kontinuierliches Lernen und Anwenden des Gelernten in der Praxis.

Nutzen Sie die in diesem Buch erworbenen Kenntnisse als Sprungbrett für Ihre eigenen Projekte und Experimente. Sie sind in der Lage, großartige Dinge zu schaffen und kreative Lösungen zu entwickeln.

Alles Gute und viel Erfolg bei Ihren zukünftigen Coding-Abenteuern!

14. Anhang & Glossar

In diesem Abschnitt finden Sie ergänzende Erklärungen zu den im Buch verwendeten Java-Editionen, Schlüsselwörtern und *Exceptions* sowie eine Liste mit den gängigsten Java-IDEs.

14.1. Java-Editionen

Es gibt insgesamt **vier Versionen der Java-Umgebung**, die sich im Hinblick auf den Funktionsumfang unterscheiden:

- Die **Java Standard Edition (SE)** ist die zentrale Entwicklungsplattform, die alle grundlegenden Klassen, Bibliotheken und APIs (z. B. java.lang, java.io, java.net, java.util, java.math etc.) für die Erstellung von Standalone- bzw. Desktop-Anwendungen enthält. Sie dient als Grundlage für die Java Enterprise Edition (EE) und die Java Micro Edition (ME).
- Die **Java Enterprise Edition (EE)** ist für die Erstellung verteilter Software und mehrstufiger Unternehmensanwendungen ausgelegt. Sie verfügt über einen weitaus größeren Funktionsumfang als die vollständig darin enthaltene Java SE und stellt Bibliotheken für Datenbankzugriffe (JPA, JDBC), Messaging (JMS), Remote-Methodenaufrufe (RMI), XML-Verarbeitung, Webdienste sowie definierte Standard-APIs für Servlets, Portlets und Java-Serverseiten bereit.
- Die **Java Micro Edition (ME)** ist die Plattform für die Entwicklung von mobilen Anwendungen und Embedded-Systemen, wie beispielsweise Set-Top-

Boxen. Sie beinhaltet einen Teil der Funktionalitäten von Java SE, bietet aber auch mobilgerätespezifische Bibliotheken. Die Java ME basiert auf einer früheren Version der Java SE, daher sind einige der mit Java 1.5 eingeführten neuen Sprachfunktionen (z. B. Generika) nicht verfügbar.

- **JavaFX** ist eine Komplettlösung, die den Entwicklern die Verwendung aller Java-Librarys in den Anwendungen erlaubt. Auf diese Weise lassen sich die Darstellungstechnologien von JavaFX auch für die Entwicklung visueller Komponenten wie Animationen, Vektorgrafiken oder Videos verwenden. Die JavaFX-Programme können im Browser ausgeführt oder per Drag-and-drop auf den Desktop verschoben werden.

14.2. Liste mit IDEs

- **Eclipse** von der Eclipse Foundation
- **NetBeans** von Oracle Corporation
- **JDeveloper** von Oracle Corporation
- **IntelliJ IDEA** von JetBrains
- **JBuilder 2008 R2** von Embarcadero Technologies
- **JCreator** von Xinox Software
- **Xcode** von Apple Inc.
- **JGrasp** von JGrasp
- **BlueJ** von BlueJ Group (University of Kent)
- **Dr. Java** von JavaPLT Group
- **Sublime Text** von Sublime

14.3. Schlüsselwörter

Schlüsselwort	Beschreibung
abstract	Nicht-Zugriffsmodifikator für die Deklaration abstrakter Klassen und Methoden.
assert	Zur Fehlerüberprüfung. Das Schlüsselwort leitet eine Aussage ein, von der ausgegangen wird, dass sie immer *wahr* ist. Ergibt die Auswertung während Laufzeit *falsch*, wird das Programm abgebrochen.
boolean	Einfacher Java-Datentyp, der nur die beiden Werte *true* und *false* annehmen kann.
break	Unterbrechung von Schleifen und *switch*-Anweisungen. Schleifen werden nach der Anweisung *break* im Anweisungsblock verlassen und es wird die erste Anweisung direkt nach der Schleife abgearbeitet. Innerhalb einer *switch*-Anweisung bewirkt der *break* deren Verzweigung zum Ende.
byte	Einfacher 8-Bit Java-Datentyp. Der Wertebereich von *byte*-Variablen umfasst ganze Zahlen von -2^7 bis $+2^7-1$ (-128 bis 127).
case	„Sprungverzweigung“ in einer *switch*-Anweisung. Jeder Auswahlblock innerhalb der *switch*-Anweisung wird mit dem Schlüsselwort *case* eingeleitet.
catch	Bestandteil der *try-catch*-Anweisung. Leitet die Ausnahmebehandlung (*exception handling*) nach einem try-Block (siehe unten) ein.
char	Einfacher 16-Bit Unicode Datentyp. Die Werte von *char*-Variablen sind *character*-Literale (in der Regel ein einzelner Buchstabe).

class	Leitet die Definition einer Klasse ein. Hinter dem Schlüsselwort *class* folgt unmittelbar der Klassenname.
const	Ist zwar als Schlüsselwort reserviert, wird aber (bisher) nicht verwendet und hat keine Funktion.
continue	Bricht im Anweisungsblock einer Schleife den aktuellen Schleifendurchgang ab und beginnt mit dem nächsten Durchgang.
default	Zur Definition von vordefinierten Methoden. Vordefinierte Methoden in Klassen *können* mit *default* deklariert werden, vordefinierte Methoden in Interfaces *müssen*.
do	Leitet eine *do-while*-Schleife ein.
double	Einfacher 64-Bit Java Fließkomma-Datentyp. Der größte *double*-Wert entspricht der Zahl $(2-2^{-52})\cdot 2^{1023}$.
else	Teil einer *if-else*-Abfrage. Wenn die if-Bedingung den Wert *false* ergibt, werden die Anweisungen des *else*-Blocks ausgeführt.
enum	Kennzeichnet einen Aufzählungstyp. Damit lassen sich eigene Datentypen erstellen, deren Variablen selbstdefinierte, konstante Werte zugewiesen werden können.
extends	Wird bei der Deklaration von (Sub-)Klassen verwendet, um anzugeben, von welcher Oberklasse sie abgeleitet sind respektive erben.
final	Nicht-Zugriffsmodifikator für Klassen, Methoden und Attribute, der anzeigt, dass keine Änderung und auch kein Vererben und Überschreiben möglich ist.

finally	Beendet eine *try-catch*-Anweisung und leitet einen Anweisungsblock ein, der in jedem Fall ausgeführt wird.
float	Einfacher 32-Bit-Fließkomma-Datentyp. Der größte *float*-Wert entspricht der Zahl $(2-2^{-23})\cdot 2^{127}$, also 340282346638528859811704183484516925440.
for	Leitet eine *for*-Schleife ein.
goto	Ist zwar als Schlüsselwort reserviert, wird aber (bisher) nicht verwendet und hat keine Funktion.
if	Leitet eine *if*-Anweisung ein.
implements	Mit dem Schlüsselwort *implements* wird in der Klassendeklaration angegeben, welche Schnittstellen und Methoden implementiert werden (müssen).
import	Über die Anweisung *import* werden einem Java-Projekt die in Paketen zur Verfügung stehenden Klassen hinzugefügt.
instanceof	Operator zur Überprüfung, ob ein Objekt einer bestimmten Klasse oder einem bestimmten Interface angehört oder von einem bestimmten Typ ist. Liefert *true* oder *false* zurück.
int	Einfacher 32-Bit-Ganzzahl-Datentyp. Der Wertebereich von int-Variablen umfasst die ganzen Zahlen von -2^{31} bis $+2^{31}-1$, also von -2147483648 bis 2147483647.
interface	Leitet die Deklaration eines Interface ein. Hinter dem Schlüsselwort *interface* folgt unmittelbar der Interfacename.

long	Einfacher 64-Bit-Ganzzahl-Datentyp. Der Wertebereich von long-Variablen umfasst die ganzen Zahlen von -2^{63} bis $+2^{63}-1$, also von -9223372036854775808 bis 9223372036854775807.
native	Kennzeichnet Methoden, die in einer anderen Programmiersprache implementiert wurden.
new	Erzeugt ein neues Objekt. Die Anweisung besteht aus dem Schlüsselwort *new*, auf das unmittelbar der Aufruf eines Konstruktors folgt.
package	Leitet die Deklaration eines Paketes ein. Hinter dem Schlüsselwort *package* folgt unmittelbar der Paketname.
private	Zugriffsmodifikator für Klassen, Attribute und Methoden. Die so deklarierten Variablen und Methoden dürfen (und können) nur innerhalb der Klasse, in der sie definiert wurden, verwendet werden.
protected	Zugriffsmodifikator für Klassen, Attribute und Methoden. Die so deklarierten Variablen und Methoden dürfen (und können) nur innerhalb der Klasse, in der sie definiert wurden, sowie deren Subklassen verwendet werden.
public	Zugriffsmodifikator für Klassen, Attribute und Methoden. Auf die so deklarierten Variablen und Methoden kann von überall aus zugegriffen werden.
return	Gibt der aufrufenden Methode einen Wert zurück, wenn diese ihre Ausführung beendet hat.
short	Einfacher 16-Bit-Ganzzahl-Datentyp. Der Wertebereich von *short*-Variablen umfasst die ganzen Zahlen von -2^{15} bis $+2^{15}-1$, also von -32768 bis 32767.

static	Nicht-Zugriffsmodifikator für innere Klassen, Attribute und Methoden, um anzugeben, dass sie unabhängig von Objekten einmalig in einer Klasse existieren. Statische Methoden können nur über die jeweilige Klasse aufgerufen werden.
strictfp	Ist zwar als Schlüsselwort reserviert, wird aber nicht mehr verwendet.
super	Erlaubt Zugriff auf überschriebene Methoden und verdeckte Attribute der übergeordneten Klasse (Superklasse).
switch	Leitet eine *switch*-Anweisung ein.
synchronized	Nicht-Zugriffsmodifikator für die Thread-Synchronisation von Methoden. Die so deklarierten Methoden können zur selben Zeit von einem einzigen Thread aufgerufen werden.
this	Ermöglicht einem Objekt die Referenz auf sich selbst (Selbstreferenzierung).
throw	Leitet das „Werfen“ einer Ausnahme (*exception*) ein.
throws	Gibt an, welche Ausnahmen (*exceptions*) während der Ausführung einer Methode eintreten können.
transient	Nicht-Zugriffsmodifikator für Methoden und Attribute, die nicht serialisiert (gespeichert oder übertragen) werden (können).
try	Leitet eine *try-catch*-Anweisung ein, in der eine Ausnahme (*exception*) auftreten kann.
void	Für die Deklaration von Methoden ohne Rückgabewert.

volatile	Nicht-Zugriffsmodifikator für Attribute, die von mehreren Threads gleichzeitig verändert werden können. Der Wert wird nicht *thread-local* behandelt, sondern im Hauptspeicher abgelegt.
while	Leitet eine *while*-Schleife ein.

14.4. Exceptions

Exception	**Typ**	**Checked**	**Eigenschaften / Beschreibung**
Clone Not Supported Exception	*Exception*	Yes	Wird ausgelöst, um anzuzeigen, dass die *cloneMethode* in der Klasse *Object* zum Klonen eines Objekts aufgerufen wurde, die Klasse des Objekts die *Cloneable*-Schnittstelle jedoch nicht implementiert.
Interrupted Exception	*Exception*	Yes	Wird ausgelöst, wenn ein Thread wartet, schläft oder anderweitig belegt ist und der Thread entweder vor oder während der Aktivität unterbrochen wird.
Class Not Found Exception	*Reflective Operation Exception*	Yes	Wird ausgelöst, wenn keine Definition für die Klasse mit dem angegebenen Namen gefunden werden kann.

Illegal Access Exception	*Reflective Operation Exception*	Yes	Wird beim Aufruf einer Methode ausgelöst, die keinen Zugriff auf die Definition der angegebenen Klassen hat.
Instantiation Exception	*Reflective Operation Exception*	Yes	Wird ausgelöst, wenn eine Anwendung versucht, eine Instanz einer Klasse zu erstellen, das angegebene Klassenobjekt jedoch nicht instanziiert werden kann.
NoSuch Field Exception	*Reflective Operation Exception*	Yes	Wird ausgelöst, wenn es in der Klasse kein Feld mit dem angegebenen Namen gibt.
NoSuch Method Exception	*Reflective Operation Exception*	Yes	Wird ausgelöst, wenn eine bestimmte Methode nicht gefunden werden kann.
Arithmetic Exception	*Runtime Exception*	No	Wird ausgelöst, wenn eine außergewöhnliche arithmetische Bedingung aufgetreten ist (z. B. eine Division durch Null).
ArrayStore Exception	*Runtime Exception*	No	Wird ausgelöst, wenn ein falscher Objekttyp in einem Objekt-Array gespeichert werden soll.

ClassCast Exception	*Runtime Exception*	No	Wird ausgelöst, wenn ein Objekt in eine Unterklasse umgewandelt werden soll, von der es keine Instanz gibt.
Enum Constant NotPresent Exception	*Runtime Exception*	No	Wird ausgelöst, wenn über den Namen auf eine Enumerations-konstante zugegriffen werden soll, der Enumerationstyp aber keine Konstante mit dem angegebenen Namen enthält.
llegal ThreadState Exception	*Runtime Exception/ Illegal Argument Exception*	No	Wird ausgelöst, wenn sich ein Thread nicht in einem geeigneten Zustand für den angeforderten Vorgang befindet.
Number Format Exception	*Runtime Exception/ Illegal Argument Exception*	No	Wird ausgelöst, wenn eine Zeichenfolge in einen der numerischen Typen konvertiert werden soll, die Zeichenfolge jedoch nicht das entsprechende Format aufweist.
Illegal Caller Exception	*Runtime Exception*	No	Wird ausgelöst, wenn eine Methode von einem ungeeigneten Aufrufer aufgerufen wurde.

Illegal MonitorState Exception	*Runtime Exception*	No	Wird ausgelöst, wenn ein Thread versucht hat, auf den Monitor eines Objekts zu warten. Wird auch ausgelöst, um andere Threads zu benachrichtigen, die auf den Monitor eines Objekts warten, ohne den angegebenen Monitor zu besitzen.
Illegal State Exception	*Runtime Exception*	No	Wird ausgelöst, wenn eine Methode zu einem illegalen oder unangemessenen Zeitpunkt aufgerufen wurde.
ArrayIndex OutOf Bounds Exception	*Runtime Exception/ Index OutOf Bounds Exception*	No	Wird ausgelöst, wenn mit einem unzulässigen Index auf ein Array zugegriffen wurde.
String IndexOutOf Bounds Exception	*Runtime Exception/ IndexOut OfBounds Exception*	No	Wird ausgelöst, wenn ein Index entweder negativ oder größer als die Größe der Zeichenfolge ist.
Layer Instantiation Exception	*Runtime Exception*	No	Wird ausgelöst, wenn das Erstellen einer Modulebene fehlschlägt.

NegativeArraySize Exception	*Runtime Exception*	No	Wird ausgelöst, wenn eine Anwendung versucht, ein Array mit negativer Größe zu erstellen.
NullPointer Exception	*Runtime Exception*	No	*Wird ausgelöst, wenn null* in einem Fall verwendet werden soll, in dem ein Objekt erforderlich ist.
Security Exception	*Runtime Exception*	No	Wird vom Sicherheitsmanager ausgelöst, um auf eine Sicherheitsverletzung hinzuweisen.
TypeNot Present Exception	*Runtime Exception*	No	Wird ausgelöst, wenn mithilfe einer Zeichenfolge, die den Namen des Typs darstellt, auf einen Typ zugegriffen werden soll, es für diesen aber keine Definition mit dem angegebenen Namen gibt.
Unsupported Operation Exception	*Runtime Exception*	No	Wird ausgelöst, um anzuzeigen, dass der angeforderte Vorgang nicht unterstützt wird.

15. Quellen und weiterführende Ressourcen

Augsten, S. (n.d.). Der Unterschied von Compiler und Interpreter. Abgerufen von https://www.dev-insider.de/der-unterschied-von-compiler-und-interpreter-a-742282/

Bonacina, M. (2018). Java Programmieren lernen für Einsteiger: Der leichte Weg zum Java-Experten. Independently published.

Dr. Appel, D. (n.d.). Mein kleines Java-Tutorium. Abgerufen von https://drdanielappel.de/informatik/mein-kleines-java-tutorium/

Ergin, J. (n.d.). Java Tutorial für Anfänger. Abgerufen von https://www.youtube.com/watch?v=HuYs2Vp3GtM

German Tools. (n.d.). Deutschen Text in Unicode umwandeln. Abgerufen von https://www.germantools.org/de/convert-german-text-into-unicode

Helmichs Informatik-Lexikon. (n.d.). Deklaration von abstrakten Methoden. Abgerufen von https://u-helmich.de/inf/lexikon/A-D/AbstrakteMethoden.html

Henke, D. (n.d.). Schlüsselwörter. Abgerufen von https://www.henked.de/java/tutorial/keywords.html

Java Tutorial. (n.d.). Kontrollstrukturen. Abgerufen von https://www.henked.de/java/tutorial/kontrollstrukturen.html

javabeginners. (n.d.). Tips, Quelltexte und Snippets für Java-Anfänger. Abgerufen von https://javabeginners.de/

javagymbayern. (n.d.). Zugriffsmodifikator (Programm). Abgerufen von https://javagymbayern.fandom.com/de/wiki/Zugriffsmodifikator_(Programm)

Kaufmännische Schule Tauberbischofsheim. (n.d.). Meine erste GUI. Abgerufen von https://www.kstbb.de/informatik/oo/17/17_1_Meine_erste_GUI.html

Keil, J. (n.d.). Java installieren 2022. Abgerufen von https://www.youtube.com/watch?v=la17ZW0SAUY&list=PLO-P6W97sI0Q-o0oZy8NeUgi0s5WKK8IV

Malik, V. (n.d.). Escape-Zeichen in Java. Abgerufen von https://codegym.cc/de/groups/posts/929-escape-zeichen-in-java

matheretter. (n.d.). Rechner: Zahlenkonverter für Binärzahlen, Dezimalzahlen, Hexadezimalzahlen, Oktalzahlen. Abgerufen von https://www.matheretter.de/rechner/zahlenkonverter

Petri, B. (n.d.). Java Tutorial – Java lernen leicht gemacht. Abgerufen von https://www.java-tutorial.org

ProgrammierenLernen. (n.d.). Java-Grundlagen: Kommentare in Java richtig verwenden und javadoc Einführung. Abgerufen von https://www.programmierenlernenhq.de/

Sciodoo. (n.d.). So implementierst du Instanzmethoden in deine Java Klasse. Abgerufen von https://sciodoo.de/java-klasse-instanzmethode-implementueren-erstellen/

SQLite. (n.d.). Datatypes In SQLite. Abgerufen von https://www.sqlite.org/datatype3.html

Straub, M. (n.d.). Java. Abgerufen von https://www.straub.as/java/

tutorialspoint. (n.d.). Java – Non Access Modifiers. Abgerufen von https://www.tutorialspoint.com/java/java_nonaccess_modifiers.htm

Ullenboom, C. (2023). Java ist auch eine Insel: Einführung, Ausbildung, Praxis. Rheinwerk Computing.

Made in the USA
Monee, IL
13 September 2026

62976624R00115